O JORNAL COMO FONTE HISTÓRICA

Dados Internacionais de Catalogação na Publicação (CIP)
(Câmara Brasileira do Livro, SP, Brasil)

Barros, José D'Assunção
   O jornal como fonte histórica / José D'Assunção Barros. – Petrópolis, RJ : Vozes, 2023.
   Bibliografia.

1ª reimpressão, 2023.

   ISBN 978-65-5713-760-4
   1. Imprensa – História 2. Jornais – História 3. Jornais – Publicação I. Título.

22-129653   CDD-079.09

Índices para catálogo sistemático:
1. Jornais : História   079.09
Cibele Maria Dias – Bibliotecária – CRB-8/9427

José D'Assunção Barros

O JORNAL COMO FONTE HISTÓRICA

EDITORA VOZES

Petrópolis

© 2023, Editora Vozes Ltda.
Rua Frei Luís, 100
25689-900 Petrópolis, RJ
www.vozes.com.br
Brasil

Todos os direitos reservados. Nenhuma parte desta obra poderá ser reproduzida ou transmitida por qualquer forma e/ou quaisquer meios (eletrônico ou mecânico, incluindo fotocópia e gravação) ou arquivada em qualquer sistema ou banco de dados sem permissão escrita da editora.

CONSELHO EDITORIAL

Diretor
Volney J. Berkenbrock

Editores
Aline dos Santos Carneiro
Edrian Josué Pasini
Marilac Loraine Oleniki
Welder Lancieri Marchini

Conselheiros
Elói Dionísio Piva
Francisco Morás
Gilberto Gonçalves Garcia
Ludovico Garmus
Teobaldo Heidemann

Secretário executivo
Leonardo A.R.T. dos Santos

Editoração: Fernando Sergio Olivetti da Rocha
Diagramação: Sheilandre Desenv. Gráfico
Revisão gráfica: Alessandra Karl
Capa: Ygor Moretti

ISBN 978-65-5713-760-4

Este livro foi composto e impresso pela Editora Vozes Ltda.

Sumário

Prefácio, 7

Introdução, 11

Relações entre Jornal e História, 11

Os jornais como fontes históricas, 14

Criticidade, 21

1 Periódicos: forma impressa, periodicidade e disponibilização pública, 25

2 Jornais: periodicidade e largo alcance, 31

3 Máquinas, papel e leitores: os aspectos materiais e sua finalidade humana, 39

4 O efeito de realidade, 43

5 Produção, circulação e leitura, 49

6 O 'Polo Editor' e o 'Polo Leitor', 53

7 Duas ordens de discursos trazidas pelos jornais: a informação e a opinião, 61

8 Os jornais e seu circuito de concorrentes, 73

9 Exemplos de redes de jornais concorrentes em uma grande cidade: o Rio de Janeiro em dois momentos, 77

10 Polifonia e complexidades, 99

11 A relação entre o conteúdo e a forma na fonte jornalística, 107

12 O jogo do poder e as pressões políticas, 115

13 A compreensão da História da Imprensa como requisito para o trabalho com jornais-fontes, 123

14 Métodos, 129

15 Síntese final: questões que se colocam à fonte periódica, 137

Palavras Finais, 159

Obras citadas, 161

Índice Onomástico, 167

Índice Remissivo, 169

Prefácio

O tema deste livro interessa mais diretamente tanto a historiadores como a jornalistas. Os jornais já são abordados como fonte histórica pelos historiadores, com bastante frequência, desde os anos 80 do século passado; e há bem mais tempo já são tratados sistematicamente como objetos historiográficos, neste caso por aqueles historiadores que se dedicam à História da Imprensa. Por outro lado, os jornalistas – de formação ou por prática profissional – têm também a sua relação mais íntima com a História. A bem dizer, os jornalistas veem passar a história do tempo presente diante dos seus olhos diariamente durante o seu ofício, e uma de suas funções é precisamente a de transferir os incessantes acontecimentos e processos históricos para as páginas e telas dos jornais.

Ao tratar como fontes históricas os jornais de todas as épocas – e os de sua própria época, quando escrevem a chamada História do Tempo Presente – os historiadores precisam desenvolver uma acurada percepção crítica acerca dos jornais. Assim como fazem necessariamente para todas as fontes, os historiadores procuram situar os jornais que examinam – seja como fontes ou como objetos – no seu 'lugar de produção', compreendendo que este é um lugar complexo, perpassado pelo conjunto dos produtores e leitores do jornal considerado, mas também por inúmeros outros aspectos que incluem a dimensão social mais ampla, a rede de jornais concorrentes, os interesses políticos e econômicos envolvidos, as demandas sociais, as intertextualidades que interconectam os jornais a outros textos e a contextos os mais diversos.

Abordar o jornal como fonte, conforme veremos neste livro, é adquirir consciência da polifonia que os constitui, formada por inúmeras vozes que fazem dos jornais fontes dialógicas por excelência. Multimodais e relacionados a muitas linguagens diferentes – verbais de todos os gêneros, imagéticas, e também faladas e gestuais nos casos dos jornais televisivos – o discurso jornalístico não pode ser abordado de maneira simplória ou ingênua. Os pontos de vista nos quais se ancoram as diversas matérias jornalísticas deste ou daquele impresso precisam ser decifrados, interpretados, desvendados nas suas conexões com a realidade e a invenção. É preciso compreender, para cada caso, as ambiguidades entre a pretensa e falsa neutralidade e o conteúdo ideológico trazido pelos jornais; as tensões entre informação e opinião; a dialética entre investigação e reelaboração de sentidos.

Uma vez que este livro visa trazer aos seus leitores recursos que o habilitarão a se aproximar dos jornais com maior criticidade, o leitor comum – nem jornalista nem historiador – também poderá se beneficiar do caminho percorrido nesta análise dos jornais como fontes históricas. Aprender a ler criticamente os jornais do passado é também aprender a ler criticamente os jornais de nosso tempo com o mesmo espírito crítico. Por isso, o conteúdo desenvolvido no decorrer deste livro torna-se valioso para qualquer cidadão neste momento atual, em que a abundância e disponibilidade de informação e comunicação frequentemente surgem emaranhadas com a desinformação, distorção, deformação e silêncio.

O texto pretende situar também este leitor comum na mesma posição do historiador que examina suas fontes: *criticamente*, atento à complexidade e à polifonia de vozes que atravessa os jornais. A obra se insere ainda em uma série mais ampla, que vem sendo publicada por esta editora, com vistas a examinar e discutir de uma maneira mais sistemática os diversos tipos de fontes históricas. Cada diferente gênero de fonte histórica precisa ser abordado pelos historiadores de acordo com as suas singularidades e especificidades, e isto é particularmente verdadeiro quando as fontes históricas que os historiadores têm diante de si são jornais, de outras épocas ou do seu tempo presente.

Introdução

Relações entre Jornal e História

Os jornais têm constituído até hoje parte obrigatória do mundo moderno, desde a modernidade industrial, e também nos nossos tempos contemporâneos, já sob o contexto da sociedade digital. Podemos tê-los na sua forma mais tradicional – o periódico impresso – ou nos formatos e suportes eletrônicos que se tornaram possíveis com as tecnologias de informação e comunicação. Sob a forma de cadernos impressos de papel que são vendidos em bancas de jornal nas vias públicas, de modo a oferecer aos seus leitores conteúdos os mais diversificados, ou nas suas formas de áudio ou de imagem-movimento dirigidas aos espectadores de rádio e televisão – e ainda nos mais variados formatos digitais apresentados sob a forma de blogs, *lives* e mídias alternativas, os jornais seguem nos dias de hoje como importantes meios de informação, de comunicação e de produção de discursos – interferindo na história de muitas maneiras, ao mesmo tempo em que, eles mesmos, também são produtos da história.

Muitas são as complexas relações dos jornais com a história – seja a história entendida como campo de processos e acontecimentos no qual estamos todos mergulhados, seja a História produzida pelos historiadores que buscam retratar, representar e analisar estes processos e acontecimentos, através de um meticuloso trabalho sobre fontes históricas de todos os tipos.

Podemos entender os jornais, já de saída, como poderosos instrumentos que são utilizados por forças diversas para agir sobre a história, e aqui podemos relevar o papel dos editores e profissionais que produzem os jornais, mas também reconhecer a importância de mesmo nível dos leitores, que não deixam de exercer suas pressões sobre os conteúdos que adentram as páginas dos jornais de todos os tipos. Compreender o jornal não como um veículo passivo e neutro de informação, mas também como um sistema capaz de produzir e difundir discursos e instaurar um processo de comunicação que nada tem de neutro, é fundamental para termos a devida consciência da função dos jornais como agentes e instrumentos capazes de interferir na história.

Se o jornal transmite informações, ele também produz opiniões, discursos, análises da realidade que são geradas na sociedade envolvente e que a ela retornam. São capazes, os jornais, de revelar verdades e aspectos da realidade que certos interesses políticos e econômicos prefeririam conservar ocultos; mas também é dos jornais a possibilidade de *construir* meias-verdades, de silenciar sobre certos fatos e não outros, de selecionar e redefinir a informação a ser transmitida. A um só tempo, os jornais retratam e elaboram representações da realidade, e já modificam e interagem sobre esta mesma realidade.

A função de *agente histórico* – situando os textos jornalísticos como sujeitos e instrumentos capazes de intervir no mundo – é, portanto, a primeira relação que os jornais estabelecem com a história, neste momento compreendida em seu sentido de 'campo de acontecimentos'[1].

Entrementes, se a história produz os jornais (ao mesmo tempo em que os jornais ajudam a produzir a história), existe outra relação igualmente importante entre estas duas instâncias. A história – através de seus acontecimentos e das representações dos acontecimentos – atravessa as páginas dos jornais de muitas maneiras. A função declarada de um jornal, evidentemente, é apresentar aos leitores cenários da realidade – da realidade que aconteceu, que está acontecendo, ou que talvez esteja por acontecer. Isso situa o jornal como um texto de caráter realista – não no sentido de que ele exponha a realidade de maneira objetiva e rigorosamente imparcial, sem deformações e manipulações, mas no sentido de que qualquer jornal pretende con-

---

1. Como já tenho ressaltado em livros anteriores, a palavra "história" precisa ser compreendida em seus dois sentidos, inter-relacionados mas bem diferenciados um do outro. Por um lado há a "história", que grafaremos com inicial minúscula, que é o campo dos acontecimentos em seu interminável devir através do tempo; por outro lado há a "História", que grafaremos convencionalmente com inicial maiúscula, que é o trabalho de representação e análise dos acontecimentos a cargo dos historiadores. Adoto esta convenção, que não é consensual entre historiadores, porque ela é muito útil para evitar confusões quando utilizarmos a expressão "história" em um ou outro destes sentidos.

vencer o seu leitor de que falar sobre a realidade e mesmo sobre a "verdade" é o seu compromisso inalienável. Portanto, o que aconteceu na história, e o que está acontecendo na história, atravessa o jornal nas suas diversas matérias, pois os textos jornalísticos produzem incessantemente representações da realidade histórica. Se são perfeitamente fidedignas ou confiáveis as representações jornalísticas dos acontecimentos, ou se são corretas as análises que os diversos jornalistas estabelecem sobre os acontecimentos, este é outro ponto a discutir. De todo modo, o caráter 'realista' dos jornais está no fato de que eles produzem um discurso sobre a realidade, ao contrário de um texto de literatura fictícia, por exemplo.

Os aspectos até aqui mencionados – e o fato de que os jornais falam sobre a história, são produtos da história, e agem sobre a história – levam-nos a mais uma relação íntima entre Jornal e História, a qual, aliás, abordaremos mais diretamente neste livro: os jornais, eles mesmos, são *fontes históricas* importantes para os historiadores. Ao serem produzidos pela história, e no decorrer de sua agência sobre a história, os jornais apresentam-se como fontes históricas que devem ser trabalhadas, pelos historiadores e cientistas humanos, na sua própria especificidade.

Os jornais como fontes históricas

Os historiadores, tal qual se aprende desde o princípio nos cursos de História, trabalham necessariamente com *fontes históricas.* Uma vez que eles estudam atentamente processos e acontecimentos que se deram em algum momento no tempo, a ciência histórica precisa estabelecer sua reflexão sobre a realidade histórica a partir de indícios, vestígios, resíduos, materiais, textos, evidências deixadas no presente pelo passado a ser examinado. Este conjunto de materiais dos quais se valem os historiadores – e que inclui textos de todos os tipos produzidos em outras épocas, objetos, imagens, materiais sonoros que ficaram registrados de alguma maneira, indícios de ações humanas que transformaram as paisagens naturais, e muitas outras coisas – são as fontes históricas. Conforme defini em obra anterior,

> "Fonte Histórica" é tudo aquilo que, por ter sido produzido pelos seres humanos ou por trazer vestígios de suas ações e interferência, pode nos proporcionar um acesso significativo à compreensão do passado humano e de seus desdobramentos no Presente. As fontes históricas são as marcas da história. Quando um indivíduo escreve um texto, ou retorce um galho de árvore de modo a que este sirva de sinalização aos caminhantes em certa trilha; quando um povo constrói seus instrumentos e utensílios, mas também nos momentos em que modifica a paisagem e o meio ambiente à sua volta – em todos estes momentos, e em muitos outros, os homens e mulheres deixam vestígios, resíduos ou registros de suas ações no mundo social e natural.

Este imenso conjunto de vestígios – dos mais simples aos mais complexos – constitui o universo de possibilidades de onde os historiadores irão constituir as suas fontes históricas. [...] São fontes históricas tanto os já tradicionais *documentos textuais* (crônicas, memórias, registros cartoriais, processos criminais, documentação legislativa, jornais, obras de literatura, correspondências públicas e privadas e tantos mais) assim como também são fontes quaisquer outros registros ou materiais que possam nos fornecer um testemunho ou um discurso proveniente do passado humano, da realidade que um dia foi vivida e que se apresenta como relevante para o Presente do historiador. Incluem-se entre as *fontes históricas* desde os *vestígios arqueológicos* e outras fontes de *cultura material* – a arquitetura de um prédio, uma igreja, as ruas de uma cidade, monumentos, cerâmicas, utensílios da vida cotidiana – até *representações pictóricas*, entre outras fontes imagéticas, assim como as chamadas fontes da *história oral* (testemunhos colhidos ou provocados pelo historiador) (BARROS, 2019a, p. 15-16).

As fontes textuais – escritos de todos os tipos deixados por seres humanos no passado mais antigo, mais recente ou mais imediato – foram desde sempre muito utilizadas pelos historiadores como fontes históricas. Sejam poemas escritos por um determinado autor da Antiguidade, uma lei ou decreto solenemente promulgado por um governante da Idade Média, uma certidão de nascimento que identifica um indivíduo a partir do período moderno, ou um texto autoral que pode estar amparado em intenções realistas ou se expandir criativamente pelo universo da ficção imaginativa – os textos atendem aos mais diversos gêneros, formatos, estilos, demandas, objetivos e finalidades. Todos eles podem ser utilizados pelos historiadores como fontes históricas.

O grande desafio que se coloca aos historiadores que trabalham com estas fontes verbais registradas em linguagem escrita – as *fontes textuais* – é que, assim como ocorre com a linguagem verbal oral, a linguagem verbal escrita comporta a possibilidade de que o seu enunciador falseie a realidade. Os homens podem mentir, seja através da fala ou da escrita. Ainda que mais propriamente sem mentir, eles também expressam necessariamente pontos de vista, perspectivas parcializadas da realidade. Os seres humanos, através da fala ou da escrita, emitem opiniões, defendem posições sociais ou interesses vários (consciente ou inconscientemente). Os indivíduos estão atrelados a visões de mundo, muitas vezes sem disso se aperceber, além de sofrerem pressões diversas, por vezes bem objetivas, antes de se posicionarem em condições de dizer tudo aquilo que dizem (ou que escrevem).

Lidar com fontes textuais, para os historiadores, é ser crítico – é tentar decifrar os interesses que estão por trás do escrito, as visões de mundo e posições sociais que o conformam, as demandas sociais, políticas e econômicas às quais os textos atendem, as estruturas e formatos aos quais eles se adéquam, as possibilidades de sentido que os textos oferecem, e as diferentes interpretações que eles autorizam. Alguns textos contêm, em um entremeado bastante complexo, informações e opiniões. Certos textos dizem a verdade com relação a esta ou àquela informação objetiva; mas já há outros que mentem ou distorcem a realidade propositadamente – e há os que mentem ou distorcem sem a consciência da mentira ou da distorção. Os textos podem ser informativos, mas também são discursos proferidos por enunciadores inseridos em posições diversas na rede social.

Os textos, de todos os gêneros – e em contraposição a outros tipos de fontes como os objetos materiais e as marcas deixadas pelos seres humanos na natureza –, são por excelência os territórios da verdade relativa ou da mentira absoluta. Quando se referem a certos acontecimentos, os autores de textos estão certamente apresentando pontos de vista, e podem acreditar efetivamente naquilo que dizem. Mas nada impede que eles também explorem a possibilidade de mentir, de falsear aquilo que percebem, de omitir dados ou aspectos que seriam fundamentais para o cenário a descrever. Há possibilidade, apenas para dar um exemplo, de o autor de um texto afirmar ter presenciado ou participado de certos acontecimentos, sem que isto seja verdadeiro. O autor de um texto, por fim, pode mentir conscientemente, com vistas a produzir algum efeito sobre os seus leitores, ou pode mentir involuntariamente. De fato, um autor pode repassar adiante aquilo que leu em outro, ou que ouviu dizer, e talvez jamais venha a desconfiar de que seu texto foi o veículo de uma inverdade. Um pouco por isso, ao considerar a complexidade de aspectos que envolvem o que pode ser dito em um texto, o historiador francês Jacques Le Goff (1924-2014) chega a afirmar: "No limite, não existe documento-verdade. Todo documento é mentira"[2].

Ao lado disso, temos de considerar que, se um texto pode testemunhar informações objetivamente verdadeiras ou distorcidas com relação a este ou àquele aspecto, sob outra perspectiva todo texto é também um discurso, e como tal precisa ser analisado. Todo discurso, em última instância, está associado a um ponto de vista e lugar de fala, bem como a um conjunto de complexidades que chamaremos de 'lugar de produção'[3].

O que aqui foi dito, se é válido para qualquer tipo de texto escrito, é especialmente verdadeiro para os jornais. Ainda que o seu compromisso realista obrigue o gênero jornalístico a se posicionar diante de seu leitor como um defensor da verdade e de predicar neutralidade, os textos

---

2. LE GOFF, 1990, p. 497. O historiador francês prossegue, em certo trecho do seu artigo *Documento-Monumento*: "Qualquer documento é, ao mesmo tempo, verdadeiro – incluindo, e talvez sobretudo, os falsos – e falso, porque um monumento é em primeiro lugar uma roupagem, uma aparência enganadora, uma montagem. É preciso começar por desmontar, demolir esta montagem, desestruturar esta construção e analisar as condições de produção dos documentos-monumentos" (LE GOFF, 1990, p. 99).
3. Desenvolvemos este tema no livro *A Fonte Histórica e seu Lugar de Produção* (2020).

contidos em um jornal são o que são: textos produzidos por seres humanos diversificados, e que se tornam possíveis no seio de uma certa sociedade e no âmbito de uma determinada instituição – o Jornal com empresa inserida em um certo sistema político-econômico, sem esquecer sua interação com a rede de jornais aliados e concorrentes. Não há um só autor envolvido nos jornais – como ocorre, por exemplo, em uma carta ou em um diário íntimo –, mas sim muitos autores. Este aspecto agrega um elemento de complexidade ao conjunto de textos que está acomodado nas páginas de um jornal impresso, ou nas seções de matérias de um jornal televisivo; mas disso falaremos oportunamente.

Diante disso, quero ressaltar que – assim como ocorre com qualquer tipo de fonte, e em especial com as fontes textuais – os historiadores precisaram desenvolver, ao longo da história da historiografia e dos sucessivos séculos de aperfeiçoamento da prática historiográfica, uma série de habilidades para "ler" adequadamente os jornais e outras fontes de caráter realista. A *crítica* é a principal destas capacidades. No momento oportuno, veremos por que esta criticidade é uma dimensão fundamental na leitura historiográfica de jornais.

Por ora, basta lembrar que os historiadores não vão aos jornais – nem quando os examinam como fontes históricas, nem quando os leem em suas vidas contemporâneas – somente em busca de *informações*. Eles buscam também nos jornais os *discursos* que devem ser decifrados, desvendados em seus lugares de produção, percebidos no que concerne às demandas sociais que os tornaram possíveis. Para um historiador, um jornal é um caminho para compreender os pontos de vista, interesses, visões de mundo, pressões e contrapressões que se escondem por dentro e por trás dos textos jornalísticos.

Criticidade

Costumo dizer que a criticidade – a capacidade ou atributo da consciência crítica – é a pérola mais preciosa da prática historiográfica[4]. Quando me perguntam para que serve a História, digo que serve para muitas coisas, como produção de identidade e de memória coletiva, enriquecimento da compreensão sobre o que é a Vida e a passagem do tempo, aprendizado de aspectos que podem nos ajudar a viver melhor o nosso Presente e redefinir o nosso Futuro. A História serve para que a diversidade humana tome consciência de si mesma, para que lidemos melhor com a alteridade, para que os diversos discursos do passado e do presente se expressem sob o olhar crítico do historiador. Mas a pérola – a principal contribuição que os historiadores devolvem à sociedade que os acolhe – é a possibilidade de favorecer o desenvolvimento da criticidade nas pessoas comuns e leitores de livros de História.

---

4. Discorri sobre isto no livro *Seis Desafios para a Historiografia no Novo Milênio* (BARROS, 2020).

Quando uma criança ou um jovem aprende História, aprende um caminho que o habilitará a desenvolver a sua consciência crítica. Se os historiadores aprendem desde cedo a examinar fontes históricas de um ponto de vista crítico, o indivíduo comum – seja qual for a sua profissão – pode desenvolver uma consciência crítica mais ampliada e aprofundada ao aprender a pensar como um historiador que se coloca diante de suas fontes. Isto é particularmente verdadeiro para os jornais.

Frequentemente os espectadores de um jornal televisivo, ou os leitores de um jornal impresso, absorvem as informações e discursos que lhes são mostradas de maneira acrítica. Acreditam no que veem ou assimilam o que leem sem se darem conta de que, no jornal, estão sendo enunciados não apenas informações, mas também discursos, e que o jornal também abriga práticas destinadas a agir sobre a sociedade. Ler um texto acriticamente – sem indagar pelo seu lugar de produção, pelo complexo de interesses e demandas que o envolvem, pelas práticas e destinos que o tornam possível – é tudo o que o historiador não faz.

Ao examinar um texto jornalístico do século XIX, a primeira coisa que o historiador faz é tentar compreender o lugar de produção do jornal. Quem são os seus editores? A que interesses se vinculam? Quem são os autores dos textos que encontraram neste ou naquele jornal um lugar de expressão? Que pressões estes autores sofrem dos editores, e que pressões os editores sofrem dos leitores que compram ou recebem o jornal? Como a rede de jornais concorrentes interfere também no jornal, e como este jornal específico responde a uma outra publicação rival ou concorrente? Que pontos de vista relativos encontram a sua voz no texto? Como o que é dito em um texto age sobre a sociedade que irá consumi-lo?

Um historiador não vai ao jornal, como dissemos, apenas em busca de informações. Ele vai ao jornal de uma outra época em busca de discursos. Ao ler as fontes jornalísticas de um outro tempo, precisamos aprender a ler nas entrelinhas, perceber os seus silêncios, os seus entreditos e interditos. Precisamos compreender os autores sociais que estão por trás do texto, e é imprescindível nos apercebermos do que é dito voluntária e involuntariamente. Todas estas diferentes perguntas e demandas que os historiadores lançam sobre suas fontes – no caso, os jornais de uma outra época – são expressões de sua consciência crítica. Aprender a ser historiador é aprender a desenvolver este tipo de consciência.

Quando lemos um jornal na atualidade, ou quando assistimos a um jornal televisivo, deveríamos ter a mesma postura crítica que tem o historiador que se coloca diante da sua fonte jornalística do passado. Entretanto, o fato é que muitos não têm esta consciência crítica quando leem os jornais contemporâneos. Em vista disso, simplesmente assimilam de maneira passiva o que leem ou veem. Por isso, o aprendizado da História é tão importante para todos. Se aprendemos a analisar fontes, aprendemos a analisar os textos de hoje. E os textos de hoje, é sempre bom lembrar, serão as fontes de amanhã – prontas a serem analisadas por historiadores do futuro.

Na sequência deste livro, discutiremos como os jornais podem ser abordados como fontes históricas. Esperamos que, com isso, estejamos contribuindo não apenas para os que se dedicam à História ou ao Jornalismo, mas também para outras pessoas que poderão desenvolver uma consciência crítica mais aprofundada sobre o que são os jornais.

1
Periódicos: forma impressa, periodicidade e disponibilização pública

O que é um jornal? Neste capítulo, partiremos desta questão que, talvez à maior parte dos habitantes das cidades contemporâneas, dificilmente ocorreria ser necessária, tal a familiaridade que todos temos com os jornais em nossas vidas cotidianas. Os jornais são de fato objetos muito presentes na vida moderna. Para nos aproximarmos deles como um tipo mais específico de fonte histórica, no entanto, e vislumbrar todas as potencialidades e desafios que eles apresentam aos historiadores, devemos ultrapassar o senso comum e essa sensação de franca familiaridade. É preciso compreender mais a fundo o que são os jornais no seu dia a dia, no mundo da cultura, no interior da sociedade que os gera e reatualiza como uma forma específica de comunicação, informação, poder e instrumento de sociabilidade. Para tal propósito, algumas perguntas já se colocam à partida. Que tipo de objeto é um jornal? Que finalidades cumpre? Que práticas a ele se filiam? A que demandas atende? Como afeta a vida dos homens e mulheres em sociedade e na sua vida particular?

Antes de mais nada, este 'meio de comunicação' e 'produto cultural' destinado à leitura, tão típico da idade moderna e contemporânea, deve ser incluído no grupo mais amplo dos 'periódicos' – categoria que também inclui outras modalidades de publicações, como os boletins, almanaques, catálogos e revistas. Estas últimas, diga-se de passagem, rivalizam em importância com os jornais diários, constituindo ambos os principais modelos básicos de periódicos dos quais, de alguma maneira, todos os outros derivam ou se aproximam[5].

Os periódicos são, efetivamente, todos aqueles tipos de publicação impressa que são postos a circular, publicamente, com algum tipo de periodicidade, seja esta diária, semanal, anual ou qualquer outra. Se serão vendidos ou distribuídos livremente, e se serão expostos em bancas de jornal ou disponibilizados em circuitos mais específicos, isto ainda não importa muito para que esta e aquela publicação possam ser classificáveis como periódicos. O essencial – as

---

5. O preço um pouco mais elevado, a regularidade mais espaçada de sua publicação, o tipo de papel, o formato mais similar ao dos livros, a encadernação com capa, e a possibilidade de uma maior especialização para certos tipos de leitores (nos casos em que não temos a abrangência temática típica da 'revista de variedades') costumam ser indicados como aspectos que podem demarcar bem o objeto-revista em relação ao objeto-jornal. Quanto mais adentramos o século XX, este contraste tende a se reforçar.

características matriciais que definem os periódicos – está na 'periodicidade' e na 'forma impressa', embora com a mais recente era digital tenham começado a aparecer novos modos de divulgação integral ou parcial para os periódicos, muitas vezes complementares ao modelo impresso. Ao lado disso, é oportuno lembrar que, para além da 'forma impressa' e da 'periodicidade', a 'publicização' – ou a disponibilização a algum tipo de público – constitui a terceira característica essencial dos periódicos[6].

A relação do tipo de periódico com cada um destes aspectos – o formato ou materialidade da 'forma impressa', o ritmo de disponibilização que define a 'periodicidade', e o modo ou abrangência da 'publicização' – permite compreender a combinação de fatores que define a diversidade de periódicos disponíveis nos tempos modernos. Mencionei atrás, como exemplos iniciais, os jornais, revistas, boletins, almanaques e catálogos, que são modelos de periódicos mais relacionados com os formatos, ou ainda com o tipo de periodicidade que rege sua publicização. Se considerarmos a abrangência e os tipos de públicos a que se destinam, ou outros aspectos como as finalidades de cada tipo de publicação, poderemos chegar a uma considerável variedade de

---

6. Deste modo, um balanço periódico de uma empresa, direcionado para funcionários específicos em vista da realização de determinado trabalho, não deve ser caracterizado como um periódico, o que vale igualmente para outros relatórios deste tipo. O periódico se oferece à leitura de um certo público; não é a ele imposto.

publicações que unem a forma impressa, a periodicidade e a publicização.

Há periódicos que atendem quase que exclusivamente a finalidades publicitárias, a exemplo dos catálogos de produtos disponibilizados com regularidade pela indústria ou pelo comércio para informação dos consumidores e vendedores. E há também publicações que, ao contrário dos jornais diários ou das revistas que são vendidas nas bancas de jornal para um número mais abrangente de indivíduos, são relacionadas a instituições muito específicas, tais como os sindicatos, associações de moradores, institutos profissionais ou científicos, museus, clubes e grêmios recreativos. Por fim, teríamos ainda os periódicos voltados para grupos sociais e culturais mais singulares, tais como os dos praticantes de determinado *hobby* ou esporte, os publicados por grupos demarcados por certas identidades étnicas, bem como os ligados aos movimentos sociais de todos os tipos. Da informação à cultura, entretenimento, representação de classe ou congregação política, as finalidades e ambientes dos periódicos se multiplicam.

Considerando a sua importância cultural, social e mercadológica, as revistas de histórias em quadrinhos (HQs), para dar um último exemplo significativo, já constituem um grande e especial gênero de periódicos que desenvolveu uma linguagem própria, constituindo também uma nova forma de expressão artística e uma indústria específica, a qual terminou por ensejar, a partir da última metade do século XX, um diálogo importante com o Cinema[7].

Conforme podemos ver, ao lado das publicações relacionadas mais propriamente à Grande e Média Imprensa – em especial os jornais diários e as revistas – é possível entrever uma rede bastante diversificada de publicações periódicas que procuram atender aos mais variados segmentos de leitores e às mais diversificadas finalidades. Também são múltiplos os ambientes sociais ou culturais nos quais cada um destes tipos de periódicos pode circular, e os modos como eles podem ser disponibilizados ao seu público ou segmento de população. Neste livro, vamos nos limitar ao caso dos jornais diários e sua possibilidade de uso como fonte histórica pelos historiadores. Procuraremos considerar, à partida, um quadro mais geral de aspectos que são

---

7. Tem-se o artista gráfico suíço Rudolf Töpffer (1799-1846) – com obras como *Histoire de Mr. Jabot* (1933) e *Monsieur Crépin* (1837), entre outras – como o pioneiro de uma nova linguagem que pode ser relacionada ao gênero das HQs, definível a partir daqui como aquele tipo de expressão artística em que ocorre a exposição de uma trama seccionada em quadrinhos de imagens, as quais são complementadas por registros de mensagens verbais através de recursos diversos, como os balões que apontam para os personagens. Por outro lado, a incorporação mais sistemática das HQs aos jornais tem outro marco importante em 1895, com a tirinha "O Menino Amarelo" de Richard Outcault, que aparece desde essa época nas páginas de dois jornais nova-yorkinos e é bem eficaz na utilização de uma solução que se ligará definitivamente à nova linguagem: o "balão" que encaminha a fala dos personagens envolvidos na ação. Por outro lado, em 1890 já havia aparecido em Londres uma primeira revista com histórias desenhadas: a *Comic Cuts*. / Para uma aproximação da linguagem dos quadrinhos, cf. EISNER, 1999. Uma *História das Histórias em Quadrinhos*, até meados dos anos 1980, pode ser encontrada em MOYA, 1986.

típicos dos jornais e que, a princípio, podem ser evocados conforme o esquema abaixo.

Quadro 1: Oito características essenciais dos jornais

2
Jornais: periodicidade e largo alcance

Contemporaneamente, os jornais constituem um 'meio de comunicação' voltado para a captação das massas ou de segmentos ao menos significativos da população, com a capacidade de abranger uma diversidade de assuntos de interesse público – embora também exista uma margem relevante de jornais direcionados para setores mais específicos da população ou para grupos muito restritos, assim como jornais especializados em aspectos singulares como a economia, ciência, humor ou esporte. Esta tendência a abranger assuntos e âmbitos diversos, e, mais particularmente, a alternância e complementaridade que se dão entre o aspecto 'noticioso / informativo' dos jornais e os 'textos de opinião' neles presentes – estes já pertencentes declaradamente à ordem dos discursos – unem-se às duas já comentadas características centrais dos jornais: a periodicidade e o largo alcance[8].

---

8. Oportunamente, voltaremos a discutir este convívio, nos jornais, entre os discursos de opinião encaminhados através dos textos analíticos, e o aspecto noticioso e informativo, o qual abre espaço, inclusive, para a possibilidade do caminho sensacionalista.

Para além destes aspectos essenciais, já nem mencionaremos o mais óbvio: o fato de que os jornais apoiam-se necessariamente em uma base discursiva textual-imagética, e de que materialmente são constituídos por cadernos de papel e por caracteres gráficos neles impressos. Foi com vistas à elaboração de uma síntese adequada que, no quadro anterior, registramos alguns dos principais aspectos inerentes aos jornais, particularmente no mundo contemporâneo.

Deve-se notar que, no início de nosso empenho em definir o que são os jornais, utilizei a expressão 'meio de comunicação'. Frequentemente, podemos nos deparar com a referência de que os jornais constituem um 'meio de informação', o que não deixa de ser também verdade. Todavia, a face 'meio de comunicação' costuma se sobrepor, nos jornais, à face 'meio de informação', principalmente aos olhos dos historiadores e sociólogos. Isto ocorre porque os jornais não transmitem apenas informações. Eles também comunicam ideias e valores, e através destas ideias e valores buscam agir sobre a sociedade, além de representarem certos interesses – não necessariamente um único setor de interesses, mas de todo modo um campo de interesses no interior do qual os mais diversos fatores interagem.

O fato de ser um 'meio de comunicação' interfere na função jornalística de se propor a ser um 'meio de informação', e este aspecto precisa ter uma centralidade na análise dos historiadores. A informação transmitida pelos jornais, como veremos adiante, mescla-se com a elaboração de um discurso, com a comunicação de valores e ideias, com os projetos de agir sobre a sociedade, com a necessidade de interagir com fatores políticos e econômicos.

Voltemos, neste instante, à síntese das características que conformam os jornais como uma modalidade específica de periódicos e como uma forma singular de mídia, além de transformá-lo em uma possibilidade muito peculiar de fonte histórica. Tão importante quanto compreender a 'periodicidade' e 'abrangência' de assuntos e público leitor que são típicas dos jornais diários, para os objetivos da análise historiográfica é fundamental compreender ainda que um jornal não é formado por um único texto, mas sim por um conjunto de textos. Para evocar esta característica, utilizaremos a expressão 'polifonia de textos'. Assim, se uma carta ou qualquer outro tipo de correspondência conforma um único texto – o que também ocorre com outros tipos de fontes como o livro autoral, o diário, e inúmeros documentos de arquivos como os testamentos, as certidões, e assim por diante – temos no jornal um conjunto articulado de textos distribuídos em diferentes seções e escritos por uma variedade de autores e redatores.

Este aspecto, que ajuda a definir o jornal como uma 'produção multiautoral' – ainda que nem todos os autores dos textos jornalísticos sejam nomeados – faz dos jornais modernos um tipo de fontes nas quais a regra é a alternância de muitas vozes e diferentes agentes discursivos. Assim, um determinado jornal pode responder por um único nome – *O Jornal do Brasil*, *The Times* ou *Le Monde* – e em torno deste nome pode-se apresentar uma certa identidade e estilo dominante, ou predominar uma tendência menos ou mais bem definida de posicionamentos políticos; mas cada nova edição deste jornal abriga de fato uma diversidade considerável de autores, ocultos ou não. Lidar com uma fonte multiautoral, como no caso dos jornais diários, é diferente de lidar com uma fonte monoautoral, como a correspondência, a obra literária ou o relatório administrativo.

O fato de que os jornais se dirigem a um universo amplo e diversificado de leitores também os distingue de outras fontes que podem ser constituídas pelos historiadores. Em uma carta privada, por exemplo, temos um único autor que se dirige a um único leitor. E em um diário temos um autor que se dirige a si mesmo. Mas nos jornais temos um certo número de autores que se dirigem a muitos e muitos leitores. Mesmo que haja em cada grande jornal uma bem definida linha editorial que busca constituir uma identidade e congregar autores parecidos em alguns aspectos, não é possível desprezar o fato de que, por trás de cada jornal, existe uma pequena diversidade de homens e mulheres que lhe dão vida.

Por fim, a 'periodicidade' – a mais saliente característica dos jornais e de outras fontes similares – permite-nos contrastá-los com todos os tipos de fontes que se apresentam como textos únicos e singularizados. Podemos considerar a série de obras literárias produzidas por um grande romancista, ou uma série de livros escritos sobre determinado assunto em certo ano, mas estas são operações historiográficas que não estão dadas previamente ao momento em que o historiador define o seu objeto de estudos ou o seu universo de fontes. Dito de outro modo, é o próprio historiador quem coloca obras literárias de qualquer tipo em uma série, como procedimento útil para a sua análise. Um livro, é um livro – ainda que o juntemos a outros nas prateleiras de uma estante, ou no *corpus* documental que será abordado pelo historiador.

Os jornais, por outro lado, já nascem como uma série que se estende ao longo do tempo. Podem ter uma existência menos ou mais extensa entre o seu nascimento e o seu desaparecimento, e pode ocorrer mesmo o caso de jornais que não ultrapassaram as duas ou três primeiras edições; não obstante, a intenção de se criar um jornal, ou qualquer outro periódico, implica propor a sua continuidade no tempo através de edições-exemplares que pretendem se suceder uma à outra, de acordo com um ritmo ditado pelo seu padrão de periodicidade (o jornal diário, semanal, ou mesmo mensal).

Para nós, historiadores, isso é importante porque, através dos sucessivos exemplares periódicos de um mesmo jornal, encadeia-se uma história que precede a operação historiográfica. Precisamos sempre nos aproximar desta história, pois não faz muito sentido analisar uma edição de um jornal separada das outras que a precederam, a não ser como fonte de reforço para alguma informação mais específica. Mesmo que nos concentremos na edição que veio a público em determinado dia, o olhar para trás, para a série de edições anteriores, é incontornável para a análise historiográfica de um jornal.

Por fim, o 'efeito de realidade' que está envolvido no conteúdo de um jornal é outro aspecto fundamental, do qual falaremos mais adiante. Este traço, como já mostramos, é também característico de todas aquelas que podemos considerar como 'fontes realistas'. Tanto quanto um cronista ou viajante que pretende fazer com que seu público acredite em tudo o que está dito no seu relato de viagens, ou quanto o funcionário ou o general que produz os seus relatórios acerca de uma ação cumprida – ou mesmo o hagiógrafo que pretende convencer a sua plateia de crentes acerca da santidade e dos milagres de seu biografado – os jornais também abrigam discursos que se pretendem apresentar como verdadeiros, conforme veremos mais adiante.

Antes de passar ao próximo capítulo, chamo atenção para um ponto importante. Muito habitualmente utilizamos a palavra "jornal" para nos referirmos ao Jornal como instituição – a empresa que produz jornais (exemplares de jornais) e os vende ao seu universo de leitores compradores – e usamos a mesma palavra 'jornal' para nos referirmos a este caderno que agrega um conjunto de textos e que tem uma forma e materialidade definidas, constituindo um objeto cultural de consumo, normalmente descartável. Assim, há o "Jornal" 'instituição', e há o 'exemplar' ou a 'edição' do "jornal" – sendo estas edições de um jornal, aliás, as que depois se transformam em fontes aos olhos do historiador.

Usar a palavra jornal para a empresa ou instituição que produz jornais, e usá-las para estes exemplares editados, é inevitável. Entretanto, precisamos distinguir bem quando estamos empregando a palavra em um sentido ou outro. Parece um truísmo dizer isto, mas um Jornal produz jornais. Posto isto, avancemos em uma compreensão mais bem definida sobre o que é uma empresa ou indústria jornalística, e sobre o que é um jornal como objeto cultural, material, gráfico, informacional e mercadológico, para que depois também possamos compreendê-lo como objeto discursivo, político e ideológico.

3
Máquinas, papel e leitores: os aspectos materiais e sua finalidade humana

Os aperfeiçoamentos na tecnologia da impressão permitiram que os jornais assegurassem um patamar cada vez maior para a sua tiragem de exemplares, de modo a atender a igualmente crescente demanda de leitores nas sociedades modernas. Já nas últimas décadas do século XIX, o principal jornal inglês havia alcançado a casa dos 300.000 exemplares para cada tiragem diária[9]. São muito elevados os números de leitores a serem atingidos pelos textos jornalísticos, e isto já traz uma primeira marca de especificidade a este tipo de fontes, quando as comparamos com fontes de recepção mais modesta. Dado o poder de penetração dos jornais nos vários segmentos sociais de uma população, este meio de comunicação se transforma

---

9. Trata-se do *Daily Telegraph*, jornal fundado em Londres em 1855 e que existe até os dias de hoje. Sobre isto, cf. ORTIZ, 1999, p. 24.

por isso mesmo em um poderoso ator político nas sociedades contemporâneas.

Com relação ao tipo de suporte, habituamo-nos a pensar nos jornais sob a sua forma impressa, embora hoje já sejam comuns os jornais virtuais, e a televisão também tenha possibilitado a emergência dos telejornais. Para períodos anteriores à modernidade, os historiadores também têm conseguido surpreender outras experiências culturais de comunicação e informação que envolveram a publicação periódica – até mesmo em civilizações antigas –, o que se dava através de outros meios como a escrita em murais ou a circulação de manuscritos. Todavia, o que realmente possibilitou o surgimento dos jornais propriamente ditos foi a invenção da imprensa. Seu florescimento, entrementes, precisou aguardar o anfiteatro das sociedades industriais europeias, pois foi necessário que às novas possibilidades tecnológicas de impressão se juntasse o processo exponencial de crescimento da alfabetização ocorrido nesse período, e também se verificassem melhorias no desenvolvimento da indústria do papel[10].

Máquinas de impressão, seres humanos letrados e papel: eis aqui o tripé sobre o qual se assenta a produção massiva de jornais. Eventualmente, cada um destes apoios

---

10. A primeira publicação impressa periódica, com regularidade semanal, surgiu na Antuérpia em 1605, com o *Nieuwe Tijdinghen*. No mesmo ano, Johann Carolus (1575-1634) lançou um impresso germânico que recebeu o nome de *Relation aller Fürnemmen und gedenckwürdigen Historien*, sendo este voltado para a divulgação muito específica de informações comerciais. Já em Paris, um periódico importante surgiria em 1631, com a *Gazette de France*.

se entrelaça ao outro. Assim, ainda no que concerne às características mais gerais dos jornais, devemos salientar a sua necessidade de se garantir um baixo custo para o consumidor, o que terminou por condicionar também a materialidade do exemplar impresso, no caso através do amplo predomínio da utilização de um tipo de papel reciclável que ficou conhecido como "papel-imprensa"[11].

Barato, periódico, socialmente penetrante, formador de um hábito de consumo, fácil de manusear e descartável – o jornal rapidamente ganhou as massas, armou-se de suas máquinas e se revestiu de seus papéis, pronto a se tornar parte do cotidiano da vida citadina e um dos seus símbolos mais imediatos. Comprar jornais para lê-los, ou espiar a sua primeira página de notícias mesmo que no exemplar fixado à porta de uma redação ou na banca de jornal, tornou-se um hábito para um grande número de habitantes das cidades. Depois: comentar suas notícias, acreditar nelas, comover-se com o que dizem, temer as suas consequências, encher-se de alguma esperança ou simplesmente assistir, nos diversos textos articulados de um jornal, à passagem da vida em todos os seus aspectos: a política, a vida, a morte exposta nos obituários, a compra e venda anunciada nos classificados, as notícias sobre o país e o mundo, a expectativa da guerra e paz, a sensualidade e

---

11. O papel de imprensa, que também passou a ser conhecido como "papel-jornal" ao passar a ser utilizado amplamente nos jornais contemporâneos, apresenta uma textura espessa e áspera. Pode ser obtido a partir de fibras recicladas e de pedaços de madeira residuais derivados da fabricação de móveis.

o crime, o humor das charges, o gol e a notícia inesperada. Todas estas coisas trazidas pelo jornal, sob a forma de diversão, esperança, medo ou angústia, tornaram-se parte da vida moderna. Também por isso, os historiadores não podem ignorar as fontes periódicas.

4
O efeito de realidade

Todo jornal, a não ser que seja um jornal de humor, ampara-se na possibilidade de inspirar e manter em seus leitores a viva convicção de que ali, naquelas páginas ásperas e por vezes levemente amareladas, fala-se efetivamente da realidade, da vida efetivamente vivida, da história que se refaz a cada novo dia, de algo que realmente ocorreu e do qual se dá um retrato fiel e não comprometido por parcialidades – embora a impossibilidade efetiva destas posturas parciais seja sempre bastante evidente para os analistas de periódicos e também para os leitores mais argutos.

O efeito de realidade – ao lado de uma singular "relação circular com o real"[12] – é de fato uma característica inerente aos jornais, tal como ocorre nos demais tipos de 'fontes realistas' (crônicas, relatórios, e a própria historiografia entre outros gêneros de fontes que almejam conven-

---

12. Expressão empregada pela historiadora Márcia Espig, que em seguida complementa: "ao mesmo tempo em que dá exteriorização a um discurso criador de significados, o jornal também se encontra atrelado ao que é possível dizer" (ESPIG, 1998, p. 277).

cer aos leitores de que se trabalha diretamente com a realidade e situações objetivas). Cada qual à sua maneira, os jornalistas, cronistas, historiadores, hagiógrafos e autores de relatos de viagens – entre outros tipos de escritores ligados às fontes realistas – sempre almejam oferecer aos seus leitores uma espécie de retrato daquilo que consideram ser a realidade (ou que desejam que seja considerado real).

Bem-entendido, em boa parte dos casos – e isso é particularmente característico dos jornais –, mesmo que não estejam convencidos de que seus discursos são inteiramente verdadeiros, e principalmente quando agem de má-fé para beneficiar certos interesses políticos ou econômicos, os autores de fontes realistas pelo menos almejam convencer aos seus leitores de que estão lhes oferecendo um retrato confiável da realidade. Desse modo, a relativamente recente valorização dos jornais como fontes históricas importantes completa um conjunto de fontes que poderíamos classificar como 'fontes realistas' – não porque expressam a verdade ou a realidade pura, mas porque têm a intenção de se mostrar aos leitores ou destinatários do discurso como diretamente referentes à realidade.

Considerar o jornal como um tipo de 'fonte realista', é claro, implica aqui compreender que o discurso realista encaminhado pelos jornais nada tem de neutro[13]. De alto a baixo, os jornais são atravessados por posicionamentos em relação à realidade social, os quais se conectam visceralmente

---

13. Assim, por mais que vincule seu discurso à realidade, "todo jornal organiza os acontecimentos e informações segundo seu próprio filtro" (ZICMAN, 1985, p. 90).

a certos interesses políticos, sociais e econômicos. A intenção de agir sobre a sociedade através de seus discursos sobre a realidade, e das informações que selecionam ou mesmo fabricam, é muito característica dos jornais – ou da multiplicidade de autores, profissionais, editores e sujeitos sociais neles envolvidos.

É exatamente porque os jornais são instrumentos e campos de lutas, ocultando interesses políticos e sociais que podem ser desvelados através da análise do seu discurso, que eles se tornam particularmente interessantes para os historiadores que pretendem abordá-los ou como objetos de estudo, ou como fontes históricas para o estudo de temáticas diversas. Sem que seja preciso dar como exemplo o caso mais óbvio e gritante das manipulações e distorções, não há nada de neutro na mais simples escolha encaminhada pelo jornal acerca do *que* informar, de *quando* informar, de *como* informar.

Os destaques dados a esta ou àquela notícia, as estratégias editoriais diversas, os modos como se busca comover, impactar, indignar ou direcionar os leitores, o posicionamento de uma notícia junto a outra, o tamanho calculado das letras, a escolha de fotos dignificantes ou embaraçosas – existe aqui toda uma infinidade de recursos e procedimentos à disposição dos jornalistas que, *ato continuum*, precisam ser cuidadosamente decifrados pelos historiadores. Isto é tanto mais importante quanto mais compreendemos que, desde sempre e cada vez mais, a Imprensa tem se imposto como força política singular e incontornável nos tempos modernos. Não é possível tomar o jornal como objeto historiográfico, ou tampouco utilizá-lo adequadamente como fonte histórica, sem partir desta compreensão mínima acerca dos jogos de interesses que atravessam os jornais.

Diga-se de passagem, não devemos confundir o interesse dos historiadores pelos jornais como *objetos de estudo* – o que ocorre quando o historiador se dedica a este domínio temático da historiografia ao qual podemos chamar de 'História da Imprensa' – com o seu mais recente interesse pelo jornal como *fonte histórica*[14]. Tratar o jornal (ou a Imprensa) como objeto de estudo é bem diferente de tratar o jornal como fonte histórica. Neste último caso, o jornal pode ser utilizado como caminho para nos aproximarmos de quaisquer outros objetos de estudo e modalidades historiográficas: a história política, a história econômica, a história cultural, e assim por diante.

É esta utilização do jornal como fonte histórica relevante para compreender diversificados aspectos da vida social, do mundo político ou da cultura – partilhados através de uma miríade de objetos de estudo –, o que adentra o cenário da historiografia nos anos 1980, elevando os periódicos a uma posição equivalente às que diversas outras fontes já ocupavam na palheta historiográfica. Tratar

---

14. Conforme bem assinala Tania Regina de Luca, em seu ensaio teórico-metodológico "A História dos, nos e por meio dos periódicos", o interesse pela História dos Jornais (ou pela História da Imprensa) precede a "escrita da História *por meio da imprensa*" (DE LUCA, 2005, p. 111).

o jornal como fonte histórica, neste sentido, é compreender que este pode ser utilizado como fonte para a história de gênero, para a história do trabalho, para a história dos movimentos sociais, para a história do cotidiano, para a história urbana, ou para os inúmeros objetos de estudo de interesse dos historiadores.

Posto isto, retornemos à já iniciada caracterização do jornal simultaneamente como objeto cultural, meio de comunicação e prática social. Retenhamos, já de início, este primeiro conjunto de características mais gerais que parecem ser partilhadas por todos os jornais: periodicidade, alcance de modo geral previsto para as massas ou para setores amplos da população, baixo custo para o consumidor, altas tiragens com vistas a atender à demanda de levar a grandes distâncias e recantos sociais a informação e discursos a ela atrelados e, por fim, um declarado compromisso com a fiel retratação da realidade, apesar dos interesses políticos e econômicos nem sempre visíveis que os movimentam nos bastidores. Além disso, torna-se bem característico o jogo de interação entre a informação e a opinião, pois ao jornal não cabe apenas informar, mas também convencer e comover. Eis aqui um conjunto bem-expressivo de aspectos iniciais que devem ser considerados, e que preparam a compreensão das mensagens e conteúdos que podem ser encaminhadas pelos jornais.

5
Produção, circulação e leitura

Podemos passar agora aos aspectos relacionados ao discurso e ao conteúdo jornalístico. Para a apreensão mais específica das possibilidades de tratamento dos textos jornalísticos como fontes históricas, é imprescindível compreender, antes de qualquer outra coisa, que todo jornal é envolvido por uma intrincada dialética trinitária que coloca em interação o 'polo editor' (1), o conjunto de discursos, conteúdos e mensagens encaminhadas (2), e, por fim, o 'polo receptor' (3), o qual se refere aos leitores habituais ou ocasionais do periódico, sejam estes os compradores do objeto-jornal ou aqueles que têm acesso às suas notícias e matérias por outros meios[15].

---

15. Pode-se ler um jornal, ou ao menos a sua primeira página, na própria banca de jornal que o coloca em exposição, pois outra das características mais salientes dos jornais – que nisso, aliás, os diferem das revistas – é que o seu conteúdo já começa a ser exposto logo na primeira página. Pode-se ler ainda o jornal tomando-o de empréstimo àquele que o comprou, ou quando este já foi por ele descartado. Também não é incomum que os hotéis e consultórios médicos disponibilizem exemplares de jornais para a leitura de seus clientes. Por fim, alguém pode se inteirar do conteúdo de um jornal simplesmente apreendendo-o através do circuito da oralidade, ao se pôr à escuta daqueles que o leram.

Em termos mais gerais, podemos falar na interação efetiva entre o "circuito de produção", a "mensagem" ou conteúdo, e a "recepção". Esta tríade de elementos – a *produção*, a *mensagem* (ou a forma-conteúdo) e a *recepção* (ou a finalidade) – constituem de alguma maneira um acorde básico de elementos que se acham envolvidos em quase todos os tipos de fontes históricas, das textuais às visuais e sonoras, e não apenas nos jornais. Nestes últimos, contudo, esta tríade adquire algumas características especiais que em seguida discutiremos[16].

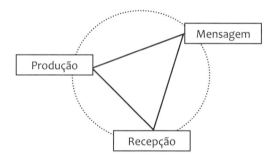

Figura 1: O triângulo das Fontes

Para o caso das fontes periódicas que abordaremos neste momento, podemos dizer que o circuito de produção e edição de um jornal está sempre inserido, antes de mais nada, no interior de um 'lugar de produção' bem demarca-

---

16. Com relação ao estudo mais elaborado do 'lugar de produção' de uma fonte histórica, seja qual ela for, este foi desenvolvido em livro anterior publicado por esta mesma editora: *A Fonte Histórica e seu lugar de produção* (BARROS, 2020).

do por algumas coordenadas mais amplas. Qualquer jornal, antes de todas as questões mais específicas que devem ser consideradas, é produzido em uma época, no interior de uma sociedade, em um contexto histórico a ser compreendido, sob certas circunstâncias, e a partir de determinadas possibilidades econômicas e materiais que sustentam o seu empreendimento. Deste 'lugar de produção' mais amplo, passamos em seguida ao circuito mais específico que permite a elaboração do jornal. Vou denominá-lo aqui de "polo editor", assim como chamarei de "polo leitor" ao outro campo de forças que com este primeiro polo interage. É entre estes dois campos em interação que são elaborados os conteúdos, discursos, mensagens e informações presentes nas fontes periódicas.

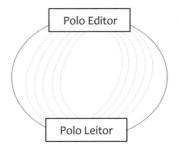

Figura 2: 'Polo Editor' e 'Polo Leitor'

Existe uma permanente e incontornável interação entre o 'polo editor' e o 'polo leitor', ainda que a decisão ou possibilidade de fundar e manter o jornal em circulação dependa de modo mais imediato dos editores ou dos proprietários do jornal, se este for um empreendimento privado ou comercial. A questão principal é que, se não há leitores (e compradores), não há jornal; a não ser que este seja mantido por alguma instância externa e não seja autossustentável. Ainda assim, as decisões tomadas no polo editor sempre precisarão considerar o polo leitor, uma vez que este constitui a finalidade ou o alvo de todo jornal[17]. Por fim, os próprios discursos, conteúdos e mensagens também dependem desta interação entre o polo editor e o polo leitor.

Destaco, de passagem, que a mesma lógica que irei aqui descrever para os periódicos impressos é igualmente válida para compreendermos os jornais televisivos, que surgiram a partir da segunda metade do século XX. No final do segundo milênio, a revolução digital também introduziu os jornais virtuais e outros modelos similares, os quais trazem consigo as suas próprias especificidades; mas também estes não deixam de funcionar de acordo com uma lógica similar à que estaremos descrevendo. Posto isso, vamos nos concentrar exemplificativamente nos jornais impressos.

---

17. Como os jornais não constituem apenas um empreendimento capitalista ou mercadológico, mas também um meio através do qual se pode manipular a opinião pública, pode-se dar que a manutenção de um jornal não autossustentável seja justificável em vista da possibilidade de atender a outros interesses políticos e econômicos. No período anterior à industrialização da Imprensa, inclusive, foi bem comum a manutenção de jornais com recursos externos, que não retornavam através da venda de exemplares. Há também o caso de jornais distribuídos gratuitamente, com vistas a finalidades de propaganda política ou religiosa, entre outras. De todo modo, pagante ou não, o leitor é sempre a referência central da prática jornalística.

6

O 'Polo Editor' e o 'Polo Leitor'

Tal como ocorre para diversos outros círculos de produção escrita ou meios de comunicação, também nos jornais diários, ou de qualquer outro tipo de periodicidade, a recepção é, e necessita ser, antecipada pela produção[18]. Isto ocorre, acima de tudo, porque os jornais precisam interessar cada vez mais leitores e/ou vender exemplares para que possam simplesmente existir. Nesse sentido, cada jornal moderno precisa procurar atender tanto às demandas de um exigente mercado de anunciantes – os quais pagam

---

18. Autores diversos têm atentado, desde fins dos anos 1960, para o papel da recepção na produção de diferentes tipos de texto. Da *Estética da Recepção*, inaugurada por H.R. Jauss em 1967, às análises de Paul Ricoeur sobre o círculo hermenêutico constituídas pelos diversos tipos de narrativas (1983-1985), já existe uma literatura bem consistente sobre o tema. No caso da proposta de Jauss para as análises de obras literárias, trata-se de ultrapassar o seu confinamento ao "circuito fechado de uma estética da produção e da representação", e alcançar a incontornável apreensão da "dimensão do efeito produzido por uma obra e do significado que lhe atribui um público" (1978, p. 43-44). Para o caso do texto jornalístico há complicadores adicionais, que podem incluir a própria necessidade imediata de vender o jornal no dia seguinte à sua publicação, bem como de disputar um mesmo público com outros periódicos concorrentes.

pela divulgação de seus serviços e produtos nos classificados de um jornal que esperam que, de fato, seja lido por certas quantidades e tipos de público – como principalmente às demandas diretas advindas de um público de leitores que busca os jornais que mais se sintonizem com o seu perfil.

O circuito de produção e recepção nos diz que o produtor de um texto – especialmente de um texto inserido em um jornal que precisa dos seus leitores para continuar existindo – deve levar em alta consideração os seus leitores em potencial e imaginar os impactos que o seu texto terá no leitor ideal por ele almejado. Isso condiciona em algum nível tanto o que será dito como o modo como será dito, o vocabulário a ser empregado para o encaminhamento desta ou daquela mensagem, os próprios cuidados para não ferir suscetibilidades, e assim por diante.

O redator de um texto – o jornalista que trabalha em um jornal, por exemplo – precisa equilibrar o que quer ou precisa dizer em relação a um jogo de antecipações que leva em consideração tanto os seus leitores como também os seus supervisores no jornal. Conforme ressaltamos anteriormente, estes também irão trazer ao texto as suas exigências e imposições de alterações, as quais procuram antecipar de sua própria parte tanto os olhares leitores como as circunstâncias importantes no momento (pode ser preciso atender a limitações impostas pelo mundo político, por exemplo). No jornal, o estilo de um texto não pertence apenas ao jornalista que por ele se responsabilizou em certa fase da produção textual. O texto jornalístico é literalmente produto de um trabalho coletivo que apresenta em uma de suas pontas uma complexa hierarquia de interferentes que se superpõe efetivamente ao texto produzido pelo escritor-jornalista – incluindo-se aqui o diretor, o chefe de edição e os preparadores e revisores envolvidos no produto final – e, na outra ponta, a não menos complexa figura do leitor coletivo, se pudermos recorrer a esta pequena metáfora.

O historiador Robert Darnton (n. 1939), que em certo momento de sua vida trabalhou como jornalista no famoso jornal *The New York Times*, chama atenção acerca de como "o poder do editor sobre o repórter, o do diretor sobre o editor, realmente gera uma tendência na maneira de redigir as notícias, tal como assinalam os estudos sobre o 'controle social na sala de redação'"[19]. Entrementes, o historiador americano chama igualmente atenção para as pressões e contrapressões que são habitualmente exercidas e sentidas pelos próprios repórteres no seu âmbito mais horizontal, formado pela rede de relações de uns com os demais. O escritor-jornalista, portanto, tanto escreve para a sua cadeia hierárquica superior – o dono do jornal, o diretor, o redator-chefe e os seus supervisores mais imediatos – como para o público que

---

19. DARNTON, 1990, p. 77. Robert Darnton trabalhou no *New York Times* durante os anos 1964 e 1965. Suas observações sobre o que é efetivamente a redação de um jornal moderno, com suas complexas demandas e hierárquicas e competitivas redes de interação envolvendo diretores, editores, repórteres e revisores, foram mais tarde publicadas em um texto inserido na coletânea *O Beijo de Lamourette* (DARNTON, 2007, p. 70-97).

lerá o seu texto depois de impresso, e, particularmente, também para os outros repórteres com os quais concorre. Por fim, por vezes a contragosto, é sempre conduzido a submeter o seu texto – depois que este já recebeu os reparos, sugestões e alterações propostas pelo editor – aos preparadores e revisores, que irão agregar-lhe as suas próprias alterações.

A relação por vezes tensa entre os preparadores e revisores, de um lado, e os jornalistas-autores, de outro, faz do texto jornalístico uma pequena e disputada arena discursiva na qual combatem duas grandes ordens de linguagens: aquela representada pelos jornalistas-autores, que procuram cada qual impor o seu próprio estilo e personalidade autoral, e aquela linguagem única que pretende ser, ao menos nas matérias de autoria não declarada, o estilo geral do próprio jornal como uma entidade maior[20].

Conforme pudemos ver até aqui, o texto jornalístico, particularmente no mundo contemporâneo, é efetivamente um produto complexo, elaborado a muitas mãos e interferido pelas mais diversas vozes. Nem sempre existiu, é claro, esta vasta divisão de trabalho – expressa tanto pela vida agitada de uma redação na qual cada um parece ter a sua própria função e posição determinada, como também pela igualmente complexa e seccionada estrutura do setor

---

20. Sobre isto, diz-nos Robert Darnton: "Os preparadores parecem ver as matérias como segmentos de um fluxo ininterrupto de 'material' que clama por uma padronização, ao passo que os repórteres consideram cada texto como uma coisa de sua propriedade. Os toques pessoais – observações ou citações inteligentes – satisfazem ao senso de habilidade do repórter e açulam o instinto do preparador em passar a caneta" (DARNTON, 1990, p. 77).

gráfico. Decerto, o mundo das irrequietas redações contemporâneas, e das poderosas rotativas capazes de produzir milhares ou milhões de exemplares por dia, pode ser confrontado historicamente com aquele antigo trabalho artesanal e individual sobre o texto que, não raramente, podia ser realizado por um único jornalista, nos momentos anteriores ao circuito de produção industrial dos grandes e médios jornais contemporâneos. No Brasil oitocentista, por exemplo, eram comuns jornais cujos textos eram basicamente produzidos por um ou dois autores, até mesmo no claustro de um mosteiro ou numa cela de cadeia, sem as sucessivas fases intermediárias de redirecionamento e revisão extra-autorais. Como sempre, é indispensável situar a análise de qualquer texto jornalístico na própria história da imprensa para identificar o nível de complexidade de sua produção e a densidade efetiva de sua polifonia – questão à qual voltaremos oportunamente.

Assim como os leitores influenciam, com suas demandas e expectativas, os próprios produtores do texto jornalístico, a produção de um jornal também pode influenciar decisivamente a sua recepção. Há de fato um poder midiático que tem a capacidade de influenciar a opinião pública, e de, com isso, produzir novas demandas, ou mesmo interferir mais diretamente nos destinos de uma nação[21].

---

21. Thomas Carlyle, historiador escocês do século XIX, já observava: "Burke disse que há três Estados no Parlamento. Mas lá longe, na Galeria dos Repórteres, senta-se um Quarto Estado, muito mais importante do que todos eles. Não se trata de uma figura de linguagem ou de um dito espirituoso. Trata-se de um fato literal" (CARLYLE, 1897, p. 219).

Os tempos recentes têm mostrado cada vez mais esse poder da Imprensa em influir nos setores mais diversos da opinião pública, e muitos governos já foram derrubados por articulações que incluíram as mídias como forças fundamentais para a interferência no mundo político ou na vida social. A ideia de que a Imprensa pode desempenhar a função de um "quarto poder" no mundo político – a qual outrora era empregada positivamente, ao enfatizar o papel da imprensa como denunciadora ou inibidora dos abusos políticos – tem proporcionado nos dias de hoje uma conotação negativa. Se a imprensa pode denunciar abusos, o seu projeto de interferir na sociedade pode se transformar ele mesmo em um irreparável abuso de poder.

Nas sociedades digitais de nossa época isto é bastante visível. Um texto fundamental de Noam Chomsky (1991)[22], por exemplo, denuncia a "democracia do espectador" que nestas sociedades se estabelece, mostrando como os meios de comunicação podem e têm sido instrumentalizados para manipular a opinião pública e o cidadão comum em um processo de fabricação de consenso que, em última instância, atende aos grandes poderes econômicos e suas correlações políticas. Para a sociedade da Alemanha Nazista, a utilização da Imprensa pelo estado totalitário hitleriano também nos mostra eloquentes exemplos. Mas é possível perceber esse potencial de interferência política da mídia

---

22. Cf. *O Controle da Mídia – os espetaculares feitos da propaganda* (CHOMSKY, 2003). Cf. ainda *Mídia – propaganda política e manipulação* (CHOMSKY, 2013) [original: 2002].

impressa mesmo em períodos que recuam até os momentos de formação inicial da Imprensa nos vários países[23].

Uma coisa e outra – os efeitos na produção desencadeados pela antecipação e demandas do público leitor, e a influência nos leitores por esta mesma produção – ocorrem concomitantemente, em um complexo emaranhado que recobre todas as possibilidades de conteúdos a serem desenvolvidos pelo jornal.

Para os jornais impressos, vale ainda lembrar, considerando principalmente períodos mais recuados, que podia haver até mesmo sérios riscos de vandalismo ou apedrejamento por populares, como reação a certos posicionamentos proferidos pelo jornal. Essa tensão latente em relação à reação do público também podia interferir na decisão editorial de levar ao prelo esta ou aquela matéria. Em períodos de muita agitação, pairava no ar a prática do "empastelamento" – expressão que costumava ser utilizada em referência à invasão de redações ou gráficas de jornais com vistas a inutilizar o trabalho de edição em curso ou danificar materiais[24].

---

23. Para o período de surgimento e consolidação da Imprensa no Brasil do século XIX, por exemplo, Marco Morel e Mariana Monteiro de Barros registram os seguintes comentários: "Mas os impressos, suas ideias e informações relacionavam-se de forma dinâmica com a sociedade, circulavam, eram repetidos e podiam ser reapropriados. As fronteiras e definições entre os grupos políticos e os seus vocabulários, o perfil dos formadores de opinião e a circulação de vozes e clamores pelas ruas divulgam outras dimensões do que chamaremos aqui de transformação dos espaços públicos" (MOREL; BARROS, 2003, p. 44).
24. Caso memorável foi o empastelamento do jornal *Gazeta da Tarde*, em 8 de março de 1897, como represália ao seu apoio à Revolta de Canudos. A lista de jornais empastelados em diversos momentos da história da imprensa no Brasil é grande. Caso bem conhecido ocorreu imediatamente após o suicídio de Getúlio Vargas, com a insurgência de populares contra *A Tribuna da Imprensa*, jornal que publicava os artigos de Carlos Lacerda contra o presidente.

7

Duas ordens de discursos trazidas pelos jornais: a informação e a opinião

Se uma das funções declaradas do jornal é *informar*, outra delas é a de *opinar*. Estas duas lógicas parecem se confrontar e interagir desde os primórdios da inserção dos jornais nas sociedades industriais e capitalistas. Teríamos, aqui, dois gêneros distintos – o 'jornal informativo' e o 'jornal opinativo'? Mas será mesmo possível ter a informação desligada da opinião? É possível informar – e especialmente com relação a determinado tipo de informes – com plena neutralidade? Ou será que, ao informar isso e não aquilo, e desta maneira e não de outra, já não estamos agindo necessariamente sobre a sociedade e transmitindo a esta valores muito específicos? O historiador que se proponha a examinar periódicos – seja como objetos, seja como potenciais fontes históricas – deve colocar para si mesmo questões como estas.

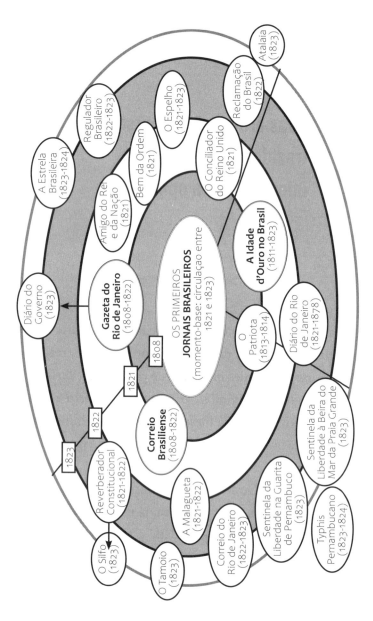

Quadro 2: Jornais brasileiros no período de 1821 a 1823

Consideraremos, a título de exemplo, o ambiente jornalístico do Brasil no início do século XIX (Quadro 2). Dentro do gênero 'jornal', designado em sentido mais amplo, já havia dois subgêneros bem reconhecidos pelos leitores oitocentistas: um mais dedicado à informação, outro mais à opinião. Os jornais chamados de 'gazetas', em nosso país, ao menos no período que precede a independência, parecem ter sido ali compreendidos como periódicos nos quais deveria predominar o projeto de informar dados mais objetivos, ou pelo menos desligados de uma proposta de análise explícita ou de uma opinião proferida por aquele que elabora o discurso.

Não é por acaso que o primeiro jornal oficial e legalmente publicado no Brasil, por iniciativa do governo joanino ao se estabelecer no Brasil, recebeu o nome de *Gazeta do Rio de Janeiro*. Já os 'jornais' propriamente ditos seriam aqueles dos quais se esperava uma postura mais analítica, opinativa, erudita, ou mesmo mobilizadora de polêmicas[25]. A comunicação de ideias e opiniões, e a transmissão de informações, conforme se vê, conviviam no jornalismo do século XIX de maneira muito explícita – seja no confronto entre diferentes tipos de jornais, seja em seções distintas de um mesmo periódico[26].

---

25. Para lembrar as palavras da pesquisadora Maria Beatriz Nizza da Silva, pode-se dizer que, em relação ao 'jornal' propriamente dito, a expectativa era a de que este trouxesse "uma maior erudição e a análise de questões relacionadas com a agricultura, o comércio, a história natural, a economia política, entremeadas, por vezes, com um pouco de poesia" (SILVA, 2009, p. 16).

26. Bem mais tarde, esta distinção entre a 'gazeta' e o 'jornal' parece desaparecer, e as duas palavras começam a ser empregadas mais livremente como títulos de periódicos, ao lado de outras expressões, como 'correio', 'diário' e 'folha'. Tanto assim que a *Gazeta de Notícias*, jornal publicado entre 1875 e 1942, abrigou já inúmeros artigos de opinião e foi o veículo utilizado por José do Patrocínio (1853-1905) para encaminhar suas críticas ao escravismo brasileiro.

Vamos nos ater, por ora, aos jornais de opinião do período em questão. Pode-se dizer que, bem pesadas as circunstâncias, a opinião política costumava ser sustentada muito claramente em um setor significativo do universo de periódicos publicados na segunda modernidade (século XIX). Sem o disfarce da isenção, o jornalismo doutrinário e polêmico se afirmava com toda intensidade, conforme veremos mais adiante. É somente com a transição para o século XX, que aqui qualificaremos como uma terceira modernidade, que veremos se estabelecer uma Grande Imprensa tendente a preconizar – na autoimagem que os jornalistas fazem de si ou tentam passar a seu público – a ideia de que o jornal é principalmente um 'veículo de informação'. A verdade, entretanto, é que o jornal nunca deixou de ser um meio de comunicar ideias e de interferir na sociedade a que se destina, faça isto de modo voluntário ou involuntário. A pretensa objetividade das informações, mesmo na aparente exposição mais pura de dados, vem sempre mesclada às opiniões, escolhas e decisões daqueles que elaboram o discurso jornalístico ou que disponibilizam as informações na Imprensa. No jornal, as informações e opiniões são duas ordens de discursos que se alternam, interagem entre si, e por vezes se fundem em uma coisa só.

Consideremos o jornalismo anterior ao século XX, no qual o caráter doutrinário e opinativo de boa parte dos jornais era de modo geral muito explícito, e as posições políticas e ideológicas dos seus realizadores costumavam ser claramente expostas. Havia jornais cuja própria razão de ser era interferir diretamente no mundo político-social.

Na França de fins do século XVIII, a Imprensa teve papel central na divulgação dos princípios sustentados pela Revolução, a exemplo do célebre *O Amigo do Povo*, editado por Jean-Paul Marat (1743-1793)[27]. No século subsequente, podemos lembrar a *Gazeta Renana*, na qual Karl Marx registrava fortes críticas contra os poderes constituídos de seu país[28]. Em casos como estes, os historiadores não precisam despender muito esforço analítico para conseguir identificar nos jornais as diversas posições políticas ou ideologias, pois elas não são escamoteadas e por vezes são até mesmo estampadas já nos títulos do periódico.

No Brasil oitocentista, por exemplo, já desde o ano em que entra em vigor uma política de liberdade de expressão para a Imprensa (1821)[29], é possível encontrar diversos periódicos cujos títulos chegam a ser pequeninos discursos em prol de uma posição política ou de outra. Assim, os jornais *O Amigo do Rei e da Nação*[30], *O Revérbero Constitucional Fluminense*[31], *O Tamoio*[32] e *A Sentinela da Liber-*

---

27. *L'Ami Du Peuple* foi publicado entre 12 de setembro de 1789 e 14 de julho de 1793.
28. *A Gazeta Renana* foi fundada em 1º de janeiro de 1842, e contou com colaboradores como Max Stirner e Karl Marx.
29. Desde 1808, com a instalação da Imprensa Régia no Brasil por Dom João VI, a circulação de impressos era controlada pela Coroa, que fundara a *Gazeta do Rio de Janeiro* concomitantemente ao estabelecimento da censura prévia. Esta última seria extinta em 28 de agosto de 1821.
30. Jornal que circulou de março a junho de 1821, com linha editorial conservadora e favorável ao Príncipe Regente Dom Pedro I.
31. Jornal que circulou entre 15 de junho de 1821 e 8 de outubro de 1822, sob a iniciativa de Gonçalves Ledo (1781-1847), com o principal propósito de apoiar a elaboração de uma constituição para o Brasil.
32. Jornal fundado em 1823 pelos irmãos Andrada (José Bonifácio, Martim Francisco e Antônio Carlos), depois de terem sido excluídos do governo. O jornal tinha como um de seus principais objetivos o de combater os privilégios dos antigos

dade[33], entre outros, não escondem suas posições por trás de títulos neutros. Estes jornais voltam-se declarada e nitidamente para o eixo da opinião, alguns dos quais se dedicando mais particularmente ao enfrentamento de questões políticas específicas tais como o projeto de Independência, nos jornais de vida curta criados em 1821, e outras como a crítica ao Absolutismo ou a defesa da autonomia provincial, em jornais do período subsequente.

Ao lado desta tendência mais demarcada em favor do jornalismo opinativo ou doutrinário, a nova geração de periódicos brasileiros do século XIX continuou a conhecer também periódicos voltados para a variedade informativa, como *O Diário do Rio de Janeiro*[34], um jornal que publicava principalmente notícias sobre movimentação portuária, leilões, crimes e fugas de escravos. Foi também um jornal

---

colonizadores portugueses no Brasil recentemente independente. A referência aos tamoios, índios que combateram os portugueses na região do Rio de Janeiro, é uma metáfora que sinaliza a oposição ao elemento português. O grupo dos Andrada, antes conformador da liderança governista, passou, a partir da fundação do *Tamoio*, a fazer parte da oposição.

33. Em 1823, surgem dois periódicos brasileiros com este título. *A Sentinela da Liberdade à Beira do Mar da Praia Grande* foi um jornal do Rio de Janeiro, fundado pelo carbonário italiano José Estevão Grondona. Seu título inspirava-se na publicação fundada em Pernambuco por Cipriano Barata (1764-1838): o combativo jornal *A Sentinella da Liberdade na Guarita de Pernambuco*. Com o número 66 deste último, após a prisão de Cipriano Barata, o nome do periódico é ampliado para *A Sentinella da Liberdade na Guarita de Pernambuco, atacada e preza na Fortaleza do Brum por ordem da força armada reunida*. Em 1831, em outra fase de sua trajetória militante, Cipriano publica *A Sentinella da Liberdade na Guarita de Pernambuco, hoje na Guarita do Quartel General do Pirajá, na Bahia de Todos os Santos*. Mais tarde, Cipriano ainda utiliza mais quatro designações similares. A última fase de sua produção jornalística se encerra em 2 de agosto de 1835.

34. Jornal que circulou entre 1º de julho de 1821 e 1878.

essencialmente informativo, mas desde já ideológico por representar diretamente a Coroa Portuguesa instalada na colônia a partir de 1808, o primeiro jornal legalmente instalado nas futuras terras brasileiras. O principal objetivo da *Gazeta do Rio de Janeiro* parecia ser o de relatar os acontecimentos relacionados às guerras napoleônicas, mas o jornal também desempenhou um papel importante ao passar adiante "informações neutras", como dados sobre a movimentação portuária ou o oferecimento de serviços e a divulgação de mercadorias[35]. Já para dar mais exemplos de uso de títulos que clarificam a posição ideológica do jornal, nos anos em que se mobiliza o debate sobre a Abolição da Escravidão encontramos títulos como *O Abolicionista*[36]. Mais tarde, com o projeto republicanista, surgiria o jornal *A República*, que nada mais seria do que um porta-voz do movimento que também se alicerçou na fundação do Partido Republicano[37]. Conforme se vê, já no próprio sé-

---

35. O lugar de produção da *Gazeta do Rio de Janeiro* era a Corte, e o governo português instalado na Colônia era o seu criador e mantenedor. Os editores responsáveis variaram. Em 1815, vamos encontrar, com esta função, o professor da Academia Militar Manuel Ferreira de Araújo Guimarães (1777-1838). Cf. SILVA, 2009, p. 16; SILVA, 2007, p. 13.

36. O jornal *O Abolicionista* foi fundado em 30/10/1880 pela Sociedade Brasileira contra a Escravidão, com o apoio da família Nabuco.

37. O jornal *A República* foi fundado por Salvador de Mendonça (1841-1913), com seu primeiro número surgindo em 3 de dezembro de 1870. Esta primeira edição do jornal já traz a público o *Manifesto Republicano*, de modo que o jornal nasce indissociavelmente vinculado a um projeto e a uma posição ideológica específica. Além disso, sua rede humana de formação foi constituída pelos dissidentes do Partido Liberal (então chamados "luzias"), destacando-se desde logo a liderança de Quintino Bocaiúva (1836-1912). O jornal foi "empastelado" na noite de 23 de fevereiro de 1873, a mando de conservadores antirrepublicanos. Circulou até 1888.

culo XIX a rede de impressos nacionais inclui a alternância e combinação entre o jornalismo noticioso-informativo, herdado das antigas gazetas, e o jornalismo opinativo, por vezes tendendo, neste último caso, ao jornalismo panfletário voltado para causas políticas muito precisas. A prática jornalística opinativa e doutrinária, por outro lado, estava sempre em pauta como preocupação dos poderes governativos, desde os primórdios da instituição da Imprensa no Brasil[38].

Com a transição para o novo século e os primeiros momentos de formação do que logo passaria a constituir uma Grande Imprensa no Brasil, os títulos de ideologia explícita permanecem apenas no cenário da imprensa alternativa e militante, a exemplo de jornais anarco-sindicalistas como *A Plebe* ou *Ação Direta*[39]. Isso não quer dizer, entretanto, que os jornais da Grande Imprensa, que passariam a mobilizar amplas tiragens e a se apresentarem sob o prisma do 'meio de informação', deixariam de representar interesses políticos e econômicos, ou de produzir discursos ligados a projetos de intervenção na sociedade. Quer dizer apenas que

---

38. Durante a permanência da corte portuguesa no Brasil, no período joanino, foi bastante clara essa preocupação de controlar a informação jornalística em desfavor da opinião, mais especificamente no que concerne às notícias políticas. A regra elaborada pelo oitavo Conde dos Arcos (Dom Marcos de Noronha e Brito) para orientar a primeira gazeta privada a que foi permitido circular no Brasil – *A Idade d'Ouro do Brasil*, a partir de 1811 – cobrava do futuro redator que relatasse os fatos políticos "sem interpor quaisquer reflexões que tendam direta ou indiretamente a dar qualquer inflexão à opinião pública" [*Postura do Conde dos Arcos*] (SILVA, 2009, p. 18).

39. *A Plebe* circulou entre 1917 e 1951, sob coordenação de Fábio Lopes dos Santos Luz (1864-1938) e Edgar Leuenroth (1881-1968), tendo sido fundado em plena Greve Geral, na cidade de São Paulo. O jornal *Ação Direta* foi lançado em 1929 por José Oiticica (1882-1957), voltando a ser editado entre 1946 e 1958.

os historiadores que se proponham a trabalhar com estes jornais, seja como fontes históricas ou como objetos, precisam dedicar uma atenção especial à compreensão do lugar de produção de cada jornal a partir do entrecruzamento de fontes diversas para além do próprio discurso jornalístico.

A abordagem de documentos que revelem filiações políticas, o pareamento de correspondências trocadas pelos jornalistas, as análises de anunciantes, as investigações sobre os circuitos de sociabilidades frequentados pelos editores – estes e mais outros procedimentos podem ser úteis para situar o jornal na sua polifonia de interesses. O importante, de todo modo, é nunca recair na visão ingênua de que um jornal pode ser encarado meramente como um veículo de informação.

Quero registrar, ainda com relação à face informativa dos jornais, que alguns destes podem tanto se apresentar como informadores de todas as coisas, na sua variedade geral, como outros podem se especializar em certos tipos de informação. Existem ou existiram jornais especializados nas informações financeiras e comerciais, como foi o caso, para considerar mais uma vez o universo brasileiro, da *Gazeta Mercantil*, fundada em 1920 como um boletim diário de mercado e atuando como um jornal econômico, a exemplo de outros como *O Jornal do Comércio* ou o *Valor Econômico*[40]. Em outros quadrantes temáticos, as imprensas inglesa

---

40. *O Valor Econômico* – jornal criado a partir da parceria entre estes dois grupos fortemente amparados na ideologia neoliberal que são o Grupo Folha e o Grupo Globo – propõe-se a trazer objetivamente informações acerca da economia,

e estadunidense já possuem, há muito, um setor da imprensa especializada nas informações sensacionalistas, tal como ocorre também em outros países[41]. Existem ainda jornais só de classificados, e outros especializados em divulgar concursos públicos, como a *Folha Dirigida*, que circulou a partir das últimas décadas do século XX[42].

Com relação à faceta declaradamente analítica e opinativa, os jornais também podem ou podiam ser abrangentes,

---

negócios e finanças, ao lado de análises e entrevistas que já pendem para os interesses que o sustentam. É esse o seu desafio. O jornal estreou em 2 de maio de 2000, e em 2016 a participação do Grupo Folha foi vendida ao Grupo Globo, que passou a ser o único controlador do periódico. É importante lembrar que o jornal foi criado para concorrer com a *Gazeta Mercantil*, que já existia desde 1920, mas que terminou por sucumbir após a crise financeira de 2009. O *Jornal do Comércio* (do Rio de Janeiro), que encerrou sua existência em 29 de abril de 2016, foi um dos mais antigos do gênero, e já era derivado do *Diário Mercantil*, criado em 1824. Em 2015, a rede de jornais concorrentes à especialização nos aspectos econômicos e financeiros foi adensada pelo aparecimento do *Brasil Econômico*, um jornal lançado pelo grupo empresarial português *Ongoing*.

41. Os Jornais sensacionalistas constituem uma modalidade que já traz uma longa história atrás de si. Nos Estados Unidos, desde fins do século XIX, a designação *Yellow Press* ("imprensa amarela") tem sido utilizada para se referir ao setor da Imprensa dedicado a esse nicho que busca alcançar grandes margens de público através de um jornalismo que valoriza o acontecimento – muitas vezes abarcando aspectos da vida privada de celebridades. A palavra tem origem na referência ao "Menino Amarelo", tira pioneira de quadrinhos que era publicada e disputada por dois jornais sensacionalistas sediados na cidade de Nova York: o *New York World* e o *New York Journal American*. Em português, fala-se em uma "Imprensa Marrom".

42. A *Folha Dirigida* – jornal fundado em 1985 e especializado em divulgar concursos e empregos – faz parte de um grupo que inclui a rede de cursos preparatórios para concursos denominada *Degrau Cultural* e a *Livraria Dirigida*, especializada na venda de apostilas para concursos. Essa combinação também leva a pensar sobre a associação da informação que se quer "objetiva" e os interesses que nela podem interferir. O grupo também atua na área de Turismo, com portais e periódicos direcionados a esta área.

tocando através de suas múltiplas seções nos diversos universos possíveis de interesse, ou então, mais estritamente especializados, dedicando-se a apenas uma modalidade. Esse é o caso, por exemplo, dos jornais literários, que na história do Brasil já aparecem desde os tempos joaninos – com o jornal baiano publicado em 1811 sob o título *As Variedades*[43] – até os tempos mais recentes, como é o caso do *Jornal de Letras*, publicado desde 1981 em Lisboa, mas com razoável circulação no Brasil[44]. Entrementes, abordaremos, no próximo capítulo, os grandes jornais dedicados ao universo mais amplo das variedades, e que mesclam a ordem informativa com a ordem analítica/opinativa. Trataremos mais especificamente daquilo que poderemos chamar de Grande Imprensa, para abordar agora um novo aspecto que precisa ser considerado pelos historiadores que se dedicam à análise de periódicos: a rede de concorrência formada pelos diversos jornais.

---

43. Esse jornal, publicado em Salvador, também trazia um título alternativo: *Ensaios Periódicos de Literatura*. É oportuno lembrar, também, já na cidade do Rio de Janeiro, o jornal literário *O Patriota*, que circulou entre janeiro de 1813 e dezembro de 1814.

44. *O Jornal de Letras, Artes e Ideias* ainda está em circulação. O subgênero, já secular, conheceu outras realizações, como, o *Jornal da Sociedade dos Amigos das Letras*, publicado em Lisboa entre abril e agosto de 1836, apenas para dar um exemplo entre tantos dos que podemos encontrar em língua portuguesa. Os jornais literários, por outro lado, sofrem a concorrência das revistas literárias, que têm sido inúmeras no decorrer da história dos periódicos.

8
Os jornais e seu circuito de concorrentes

No mundo capitalista, o jornal apresenta uma dupla inserção que também é importante compreender. Se por um lado os jornais interagem com um mercado mais amplo através dos anunciantes que lhes asseguram parte do seu sustento, por outro lado os próprios periódicos produzidos também costumam ser constituídos como objetos deste mercado. São vendidos a determinado preço; geram propagandas de si mesmos – além de encaminharem, nas suas páginas de classificados, a propaganda dos produtos dos seus anunciantes. Há aqui, novamente, um público a ser atingido por este mercado – o dos anunciantes de produtos diversos que pagam para dispor anúncios nos classificados do jornal, ao lado da faixa de mercado mais específica que também trata os próprios exemplares do jornal como produtos a serem vendidos. Como se vê, mais uma vez nos encontramos diante desta dialética que se estabelece entre o polo editor do jornal e a recepção formada pelos seus leitores e anunciantes.

Já examinamos, no que se refere aos agentes e instâncias que o constitui, esse lugar de produção que estamos denominando "polo editor". Por ora, quero apenas ressaltar que o estudo da produção de um jornal é tão importante – para a análise historiográfica de fontes impressas – quanto o exame do público leitor que o jornal atingia ou pretendia atingir. Em um mesmo circuito de produção e circulação de periódicos – como, por exemplo, em uma determinada cidade em certa época – alguns jornais podiam se dirigir a setores diferenciados do público leitor, ou também disputar os mesmos setores de público.

Essa observação é importante para darmos a perceber um elemento adicional: o da inserção incontornável de qualquer jornal em uma grande rede de outros jornais que conformam um complexo mercado midiático e o próprio universo de leitores que é afetado pelos jornais. Dito de outro modo, um jornal relaciona-se com seu público e com os leitores possíveis, mas também interage com os demais jornais que com ele compartilham o mercado, se considerarmos o contexto já capitalista industrial da Grande Imprensa ou o circuito político típico da primeira fase da história da imprensa nos diversos países.

A título de exemplo, e de modo simplificado, no próximo capítulo consideraremos a cidade do Rio de Janeiro das primeiras décadas do século XX, ou, mais propriamente, o recorte correspondente ao período da Primeira República. Este circuito insere nossa análise em um momento peculiar, que é o da inserção dos jornais em uma indústria cultural de largo alcance, na qual já temos um mercado capitalista que transforma o jornal em um objeto de consumo típico das cidades e cuja produção se ampara nas possibilidades tecnológicas introduzidas por um maquinário de maior porte, capaz de grandes tiragens. A ampla distribuição, além disso, é favorecida pelo desenvolvimento da infraestrutura de transportes como as linhas férreas, que multiplicam suas estações na proximidade do novo século (XX), além da consolidação dos serviços dos Correios[45].

---

45. Há variações dos analistas quanto ao ponto onde se encontra o corte entre a nova Imprensa brasileira, já industrial, e a imprensa mais artesanal, com gestão improvisada. Hoje, tende-se a ver o corte na transição para o século XX. Em um artigo de 1985, Renée Zicman preferia traçar a linha de corte nos anos 1945/1950 (1985, p. 91).

9
Exemplos de redes de jornais concorrentes em uma grande cidade: o Rio de Janeiro em dois momentos

O conjunto de principais jornais das duas primeiras décadas do século XX que estavam circulantes no Rio de Janeiro – lembrando que esta cidade era então a capital do Brasil – pode ser representado conforme o esquema exposto na página seguinte (Quadro 3). Tomamos como referência o ano de 1919, de modo que não aparecem no esquema nem jornais que se extinguiram muito antes desta data, nem jornais que surgiram um pouco depois, como por exemplo o jornal *O Globo*, cuja data de fundação é 1925. No interior de cada círculo, indicamos o nome do jornal e, logo abaixo, entre parênteses, os anos de sua fundação e eventual extinção, apenas como uma informação inicial que nos permite situar cada jornal na sua própria história. O fato de que a cidade do Rio de Janeiro era a capital da República, e uma das duas maiores cida-

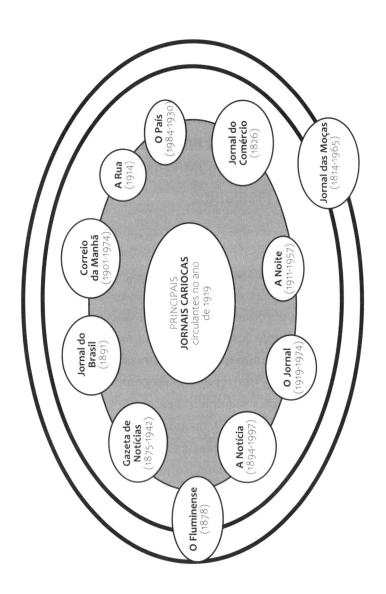

Quadro 3: Uma rede de jornais concorrentes

des do Brasil (ao lado de São Paulo), também implica que alguns destes jornais tivessem circulação nacional, e não se ativessem apenas ao circuito local-urbano da própria cidade do Rio de Janeiro.

Refletir sobre o alcance do periódico que se tem à frente, compreendendo a sua inserção local e o seu alcance mais global, quando este existe, é um procedimento obrigatório para o analista da fonte. Ainda a propósito da destacada importância do Rio de Janeiro no mapa geral de periódicos do país, vale a pena registrar que somente esta cidade já concentrava, por ocasião de uma contagem oficial realizada no ano de 1912, vinte e três dos jornais diários publicados no Brasil (cerca de 17% do total de jornais editados no país) ao lado de uma produção igualmente significativa que na mesma época estava a cargo de São Paulo, cidade na qual circulavam 17 periódicos diários[46].

No universo de jornais acima indicado (Quadro 3), pode-se dizer que o *Jornal do Brasil* e o *Correio da Manhã* disputavam mais ou menos um mesmo público, se considerarmos o aspecto social. Eram os jornais lidos pelos pequenos comerciantes, trabalhadores em geral, bem como pelos militares de baixa patente. Com relação ao *Jornal do Brasil*, este periódico diário tinha ainda, por volta de 1920, um grande alcance entre os habitantes dos subúrbios.

---

46. Na República como um todo, o levantamento publicado em 1931 sob o título de *Estatística da Imprensa Periódica no Brasil* indica, para o período de 1907 a 1912, cerca de 140 jornais diários. Neste universo, as cidades do Rio de Janeiro e de São Paulo tinham a seu dispor cerca de um terço dos periódicos diários publicados em todo o país. Sobre isto, cf. SOUZA, 2003, p. 19; COBEN, 2008, p. 104.

O lugar social de produção de cada jornal – os seus editores, por exemplo – também trazia repercussões para a linha de ação, captação e capacidade de atingir setores diferenciados dentro deste público. Assim, o *Jornal do Brasil* surgira em 1891 como um jornal monarquista[47]. Com a coordenação de Ruy Barbosa, em 1893, tornara-se um jornal republicano legalista que diligentemente se opusera à ditadura do Marechal Floriano Peixoto. Entrementes, sob a gestão dos Irmãos Mendes, entre 1894 e 1919, tornara-se um jornal mais popular, de ampla tiragem, e é neste momento que o visualizamos[48]. Mas os próprios editores, os dois irmãos que produziam o jornal, tinham pontos de vista distintos no que concerne à política, sendo um republicano e outro monarquista – o que já abria um espaço de diversidade no próprio seio do corpo editorial-proprietário.

O grande rival do *Jornal do Brasil* no que concerne ao público popular que buscava atingir – o *Correio da Manhã* –

---

47. O *Jornal do Brasil* foi fundado em 9 de abril de 1891 por Rodolfo Dantas (1855-1901), um pouco animado pelo desejo de defender a monarquia que havia sido recentemente deposta. Nos primeiros anos, o jornal encaminhou uma oposição moderada ao governo recentemente instalado, pois tinha de se precaver contra as restrições da censura, que pesavam sobre muitos periódicos do período. Havia também os temores da prática do "empastelamento", que era um vandalismo que eventualmente visava redações de jornais, tal como ocorreu com o Jornal do Brasil em 1891, o que inclusive fez com que o jornal se reorientasse para uma linha mais conservadora. Com relação à sua rede humana, o periódico pôde contar em seu plantel, em diferentes momentos de sua história, com nomes de peso na intelectualidade brasileira, como o de Joaquim Nabuco, José Veríssimo, Ulisses Viana – o Barão do Rio Branco – e mesmo correspondentes internacionais como o escritor português Eça de Queiroz.

48. Em 1900, o *Jornal do Brasil* iria atingir a marca dos 60.000 exemplares impressos por dia, a maior da América Latina.

apresentava-se ainda mais francamente como um campo de oposição ao governo e como uma voz, ou conjunto de vozes, ocasionalmente a favor das lutas e reivindicações dos movimentos sociais[49]. Outrossim, este periódico queria projetar a autoimagem de um jornal capaz de imparcialidade política. Com este perfil, ainda que compartilhando ou disputando como público leitor os mesmos extratos sociais, o *Correio da Manhã* expressava uma tendência um pouco mais à esquerda, ou beneficiava melhor as demandas críticas em relação ao governo, embora se deva assinalar que o *Jornal do Brasil* não era propriamente uma voz a favor do governo.

Já a *Gazeta de Notícias* e *O Paíz* demarcavam um posicionamento político mais favorável aos governos da Primeira República. No sentido mais específico de apoio ao sistema constituído, *O Paiz*[50] era considerado o jornal ca-

---

49. O *Correio da* Manhã, fundado por Edmundo Bittencourt e anunciado desde o seu primeiro editorial como um "jornal de opinião", circulou entre 15 de junho de 1901 e 8 de julho de 1974. Foi um jornal caracteristicamente de oposição na primeira metade do século XX, colocando-se criticamente em relação a quase todos os presidentes da república no período, o que lhe rendeu perseguições e suspensão de funcionamento em várias ocasiões – a exemplo da suspensão entre agosto de 1924 e maio de 1925 por ter apoiado o levante do Forte de Copacabana em 1922. Também contou com nomes importantes da literatura em seu plantel de redatores, entre os quais o poeta Carlos Drummond de Andrade e os escritores Antonio Callado e Lima Barreto. Este último, que começara a atuar como cronista crítico no *Correio da Manhã* em 1905, mais tarde satirizou a redação do jornal no livro *Recordações do Escrivão Isaías Caminha* (1909).

50. *O Paiz* foi fundado pelo imigrante português João José dos Reis Junior em 1° de outubro de 1884, mantendo-se em circulação até 1930. Seu primeiro redator-chefe foi Rui Barbosa (1849-1923), logo substituído por Quintino Bocaiúva (1836-1912). Além deste último, o jornal contou com vários líderes republicanos como redatores-chefes. Em 1930, opôs-se ao Golpe de Estado liderado por Ge-

rioca mais conservador na primeira metade do século XX, e chegou a ser apedrejado por populares mais de uma vez, em decorrência de suas posições. O jornal tanto apoiava como eventualmente até mesmo se abria como espaço para pronunciamentos de membros do governo. Essa inflexão governista permitia que jornais como *O Paiz* ou a *Gazeta de Notícias*[51] atingissem e tocassem, no que concerne mais propriamente à perspectiva política, um outro setor do público leitor. Além disso, os dois jornais não tinham o alcance popular do *Jornal do Brasil* e do *Correio da Manhã*. Neste aspecto, podemos dar o exemplo de *O Paiz*, jornal que havia sido dirigido em 1884 pelo presidente do Partido Republicano, o célebre Quintino Bocaiúva (1836-1912). Conforme bem atestam os historiadores que o estudaram, o jornal voltava-se principalmente para um público de intelectuais e estudantes de nível superior, mas particularmente matizando-se pelo seu caráter conservador em relação aos governos da Primeira República[52].

Havia ainda um quinto jornal importante no cenário carioca da época – o *Jornal do Comércio* – o qual se ma-

---

túlio Vargas na chamada "Revolução de 30". Talvez por isso, sua sede tenha sido vitimada pelo incêndio ocorrido no mesmo ano.

51. A *Gazeta de Notícias* foi fundada em 2 de agosto de 1875, circulando até 1942. No último quartel do século XIX, havia sido antimonarquista e abolicionista, abrigando, em 1879, os artigos antiescravagistas de José do Patrocínio (1853-1905). No seu plantel de autores, contou com literatos como Machado de Assis, Olavo Bilac e Euclides da Cunha.

52. O público leitor de *O Paiz*, bem como de outros jornais da época, foi rastreado por Marialva Barbosa através das cartas que os leitores enviavam à redação dos jornais (2010, p. 219-226). Este tipo de rastreamento, quando possível, constitui um dos recursos dos historiadores para apreender a recepção de um jornal.

tizava pelo seu interesse bem mais específico em trazer informações de cunho comercial e econômico, o que se expressava no próprio título, e que, de modo geral, pautava-se por uma orientação mais conservadora no quadro político[53]. Outros jornais menores também ajudavam a compor o universo de periódicos no Brasil da Primeira República. Podemos citar *A Rua*[54], *A Notícia*[55], e também *O Jornal*, periódico fundado precisamente em 1919 a partir de uma dissidência em relação ao *Jornal do Comércio*[56]. O periódico diário *O Fluminense*, que indicamos à esquerda no esquema, em um lugar situado mais fora da curva, era na verdade um jornal sediado em Niterói, mas com alguma circulação na capital e já tendo contado com a colabora-

---

53. O *Jornal do Comércio* era então o mais antigo periódico da América Latina. Derivou do *Diário Mercantil*, fundado em 1824, e recebeu seu nome definitivo em 1827. A essa altura, o *Diário do Rio de Janeiro*, outra folha comercial que havia sido fundada em 1821 para se tornar um dos primeiros periódicos diários do Brasil, já havia sido extinto (1878). Antes deste último, foram mais antigos, embora com vida bem mais curta, o *Correio Braziliense* e a *Gazeta do Rio de Janeiro*, ambos fundados em 1808 e extintos em 1822.

54. *A Rua* foi fundada por Viriato Correa em 1914, e exerceu uma forte oposição ao governo Hermes da Fonseca. Circulou até 1927.

55. O jornal vespertino *A Notícia* foi fundado em 1894 por Manuel Jorge de Oliveira Rocha, apelidado "Rochinha". Em 1924, o periódico foi adquirido por Cândido de Campos, vindo a fechar em 1930, até ser reaberto na década de 1950 ao ser comprado por Adhemar de Barros e Chagas Freitas, os quais já constituíam o grupo jornalístico ligado ao jornal *O Dia*. Nas décadas de 1980 e 1990, *A Notícia* perde a sua natureza política e passa a disputar o mercado de jornais que noticiavam crimes violentos e que exploravam as demandas sexuais.

56. *O Jornal* foi fundado em 1919 por Renato de Toledo Lopes, antigo editor do *Jornal do Comércio*, que rompeu com este periódico. A historiadora Tania de Luca, inclusive, observa que o próprio título do periódico – "O Jornal" – já era de si uma provocação ao *Jornal do Comércio*, já que era assim que os leitores costumavam se referir a este último periódico (LUCA, 2008, p. 161). Em 1944, *O Jornal* foi comprado por Chateaubriand.

ção de intelectuais da envergadura de Euclides da Cunha[57]. Havia ainda o singular *Jornal das Moças*, que na verdade era mais similar a uma revista semanal ilustrada dedicada exclusivamente a certo segmento do público feminino[58]. Já nem mencionaremos, apesar da sua grande relevância política, uma série de jornais sindicais e vinculados a associações específicas, os quais já estavam fora daquilo que podemos conceituar como uma Grande Imprensa em formação. Jornais como *A Plebe*, o *Ação Direta*, ou *A Voz do Trabalhador*[59], circulavam, de fato, em ambientes mais específicos, com perfis de politização relacionados aos movimentos sociais e ao mundo do trabalho, além de serem elaborados fora da linha de produção industrial.

O Quadro atrás esboçado visa apenas mostrar que, em um mesmo universo de circulação de periódicos, tínhamos alguns jornais que disputavam a atenção das camadas populares – como o *Jornal do Brasil* e o *Correio da Manhã* – e alguns que se voltavam para públicos mais bem situados economicamente, como era o caso de *O Paiz*. Já o *Jornal do Comércio* nos traz a perspectiva de uma nítida especialização nas suas temáticas de interesse, o que tam-

---

57. *O Fluminense* foi fundado em maio de 1878 e ainda está em circulação, o que o coloca como o sexto jornal, ainda em circulação, editado no país, e como o mais antigo do estado do Rio de Janeiro ainda existente.

58. *O Jornal das Moças* circulou semanalmente entre 1914 e 1965. Tendia a ser apolítico e centrava suas principais seções em esferas como a moda, a economia doméstica ou o receituário culinário.

59. *A Voz do Trabalhador* foi um periódico controlado pela liderança anarcossindicalista, e circulou, em duas fases, entre 1° de julho de 1908 e 9 de dezembro de 1909, e entre 1° de janeiro de 1913 e 8 de junho de 1915.

bém redefine o público ao qual o periódico tem acesso. Além disso, do Império aos governos da Primeira República, este periódico sempre se mostrou favorável à "situação", agregando-se ao âmbito dos jornais conservadores. Seus leitores habituais eram os altos comerciantes, os homens de negócios, a aristocracia cafeeira, os altos funcionários do governo, a elite política. Era também o periódico mais caro, o que também contribuía para delimitar um tipo de público comprador[60].

Se a especialização em aspectos comerciais e financeiros podia demarcar um setor de público a ser atingido por um jornal, o nível de linguagem e a seleção de temáticas e assuntos abordados também traziam implicações importantes para a competência leitora e para a captação de certos setores de público em detrimento de outros. *A Imprensa*, jornal que a certa altura passa a ser editado por Ruy Barbosa, evitava explorar as notícias sensacionalistas e investia mais no debate político e intelectualizado, neste último aspecto competindo com o *Paiz*, mas dele diferindo pelo posicionamento político. Também se aproximava dos modos de expressão encaminhados por estes jornais a *Gazeta de Notícias*, periódico que, adicionalmente, primava por um estilo mais literário em decorrência da presença de vários escritores entre seus redatores. Já *A Notícia* se dis-

---

60. Este último aspecto, o preço do jornal, constitui uma informação importante para qualquer historiador que toma um certo periódico como fonte. O preço também ajuda a definir o polo receptor, tornando o jornal mais acessível para certos setores do público-leitor. Em uma relação inversa, também a necessidade de se conservar o público pode pressionar o preço.

tanciava destes três jornais e procurava disputar um espaço leitor similar ao visado pelo *Jornal do Brasil* e pelo *Correio da Manhã*, cultivando os modos de expressão correspondentes ao público almejado.

O 'Quadro 3', atrás delineado, não esgota toda a rede de impressos, conforme já ressaltamos, mas apenas expõe os jornais de maior estabilidade e circulação. Poderíamos evocar também um segundo cenário concorrente, que perdura desde a proclamação da República até 1927, configurado por uma efervescente mas instável rede de jornais político-partidários voltados para os trabalhadores. Habitualmente, costumavam ser produzidos por intelectuais e lideranças trabalhistas de orientação anarcossindicalista.

Ao contrário dos grandes e médios periódicos apresentados no esquema anterior, esses jornais se debatiam contra circunstâncias que não lhes permitiam nem uma periodicidade constante, nem tiragens mais expressivas. Por vezes, seus líderes e produtores eram perseguidos e, nos casos daqueles que fossem estrangeiros, alguns deles foram deportados. Não obstante, estes jornais de esquerda também disputavam ou compartilhavam, à sua maneira, um certo setor do público trabalhador, e tiveram um papel importante na vida política da classe operária[61].

Com estes exemplos dados até aqui, quero apenas ressaltar que o uso dos jornais como fontes históricas não pode prescindir de um conhecimento de seu público re-

---

61. Para um estudo aprofundado destas publicações, cf. FERREIRA, 1978.

ceptor, assim como é igualmente necessário conhecer os seus lugares de produção, considerando ainda que o polo da produção interage ativamente com o polo da recepção e vice-versa[62]. Além disso, em algum momento os jornais têm que ser confrontados, pelo menos para situar a análise, com a rede de outros jornais que os cercam, disputando ou compartilhando os mesmos setores de público, ou atingindo setores de público que outros jornais não atingem. No interior desta rede, os jornais posicionam-se em um campo e disputam anunciantes, além de agregarem objetivos extraeconômicos, como o de interferir na política ou no comportamento coletivo. No período que acabamos de ver, alguns jornais já faziam parte de uma Grande Imprensa em formação, de modo que foi preciso considerar a rede de jornais em concorrência sob o prisma do Mercado.

Para complementar nossas observações sobre as redes de concorrência que se estabelecem entre os jornais, será oportuno recuarmos agora para outro momento – o da formação da Imprensa no Brasil. Com isto teremos a oportunidade de vislumbrar uma rede de jornais que atende a demandas distintas, não mais propriamente configurando um mercado tipicamente capitalista, uma vez que muitos

---

62. José Inácio de Melo e Souza, que estudou os jornais brasileiros da Primeira República ao período Vargas em um livro intitulado *O Estado contra os Meios de Comunicação* (2003), deixa entrever em uma passagem como era tênue o equilíbrio entre o polo editor e o polo leitor: "A maioria das folhas vivia na corda bamba do agrado ou do desagrado dos leitores por se jungirem ao âmago das lutas políticas do tempo" (2003, p. 21). Mais adiante, o autor prossegue: "O jornal não informava sobre a política; ele era o seu principal instrumento" (SOUZA, 2003, p. 21).

dos jornais oitocentistas apenas se mantinham como podiam, com vistas a atender seu principal objetivo, que era a divulgação de ideias, sem buscar mais propriamente o lucro. A rede de jornais em concorrência, neste momento anterior, prossegue como aspecto fundamental a ser considerado pelos historiadores, mas agora esta rede tem mais do que tudo um sentido político. De fato, os jornais já se mediam uns em relação aos outros, alinhavam-se e se desalinhavam, opunham-se mutuamente, por vezes publicavam duras matérias diretamente contra os seus opositores, ancorados nos jornais concorrentes. Mas não era tanto uma rede econômica a que aqui se formava.

Recuamos agora, do mundo capitalista da imprensa industrial, que vislumbramos no esquema anterior – com suas agitadas redações organizadas sob o prisma de uma hierarquizada divisão de trabalho e pautadas na expectativa de venda para um público leitor de massa – para o mundo voluntarioso de um jornalismo que precisava basear-se em outras formas de sustentação que não o retorno do lucro proporcionado pela venda de exemplares produzidos em grandes tiragens. Esse outro mundo, anterior ao da imprensa que tem nas redações agitadas e na banca de jornal o seu signo visual, era um mundo de iniciativas nas quais a produção de um jornal podia ser acionada de uma residência, de um claustro, mesmo da cela de uma cadeia, por homens que acima de tudo queriam divulgar suas ideias políticas e não ocultavam seu desejo de agir sobre a sociedade atrás de um discurso de neutralidade. Teremos ali, conforme nos indica o já exposto 'Quadro 2' (cf. Capítulo 7, p. 62) – ao qual agora retornaremos em maior amplitude e profundidade – uma rede de jornais concorrentes que buscavam interferir na sociedade através de projetos políticos explícitos e declarados, embora convivendo com outro subgênero de jornais que eram conhecidos como gazetas, e que procuravam se manter fora da polêmica política sob o pretexto de trazer apenas informações.

O 'Quadro 2' toma por base os anos de 1821 a 1823, mas recua, na direção do centro, ao momento gestante das primeiras experiências da Imprensa no Brasil: 1808 – quando a Família Real chega ao Brasil, e uma das primeiras medidas do Príncipe Regente é a instituição da Imprensa Régia. Esta instituição responsabilizava-se por imprimir todos os documentos e avisos relacionados a ações do novo governo. A impressão de jornais, um horizonte que se torna agora possível, seguirá muito controlada pela Corte, que praticará a censura prévia mesmo em seu próprio jornal, fundado em 10 de setembro com o título de *Gazeta do Rio de Janeiro*. Antes deste jornal, contudo, já havia sido lançado um jornal sem autorização da Coroa, com impressão em Londres e pioneiro do gênero de jornais críticos no Brasil: o *Correio Brasiliense*.

Os dois jornais podem ser localizados no esquema bem próximos ao centro, e seu contorno foi reforçado para chamar atenção para o fato de que estes periódicos inauguram, no Brasil, dois estilos de Imprensa. As Gazetas, conforme definições da própria época, eram jornais dedicados à narração de acontecimentos (no caso da *Gazeta do Rio de Janeiro*, as grandes notícias eram as lutas napoleônicas, que então se davam na Europa), e à divulgação de informações objetivas, como atos do governo, movimentação nos portos, e ainda avisos de serviços que prenunciam as seções de classificados hoje em dia tão típicas de todos os jornais.

Via de regra, as gazetas desta época – um subgênero mais específico de jornalismo que já aparece descrito por Voltaire na *Enciclopédia* iluminista publicada na França – não costumavam desenvolver qualquer jornalismo de opinião, e tampouco investiam em questões polêmicas. Alguns autores discutem como esse tipo de periódico era apropriado para as monarquias absolutistas do Antigo Regime, em atenção às quais se desejava desmotivar matérias muito polêmicas[63].

As polêmicas, no entanto, tinham chegado aos jornais com os acontecimentos revolucionários da França, e haviam tido um papel especialmente relevante na derrubada da monarquia absolutista. Na Inglaterra do século XVII, esse jornalismo crítico também se prenuncia. No Brasil, a imprensa crítica é introduzida pelo primeiro jornal brasileiro, que precede clandestinamente a gazeta fundada oficialmente pelo governo joanino. *O Correio Brasiliense*, fundado, elaborado e posto a correr por Hipólito da Costa,

---

63. Um estudo que confronta as tradicionais gazetas, típicas do Antigo Regime, e os jornais de opinião, a exemplo da imprensa brasileira no século XIX, foi elaborado por Marco Morel (2009, p. 153-181).

abre caminho para uma série de jornais críticos que surgiriam entre 1821 e 1823. Tanto este jornal como seus análogos surgidos posteriormente terão um papel particularmente ativo no movimento pela Independência do Brasil.

Minha intenção com o esquema é apenas mostrar os jornais diante de seus concorrentes ou aliados, e o ambiente político – pois neste momento a política propriamente dita é mais importante como definidor da rede de jornais circulantes do que os aspectos econômicos, ao contrário do que se verificou no esquema relativo aos jornais da Primeira República. Um pouco acima do *Correio Brasiliense*, situei um jornal chamado *O Revérbero Constitucional Fluminense*, fundado em 1821 por Gonçalves Ledo e Januário Cunha Barbosa. Ambos eram maçons, assim como Hipólito da Costa – fundador do *Correio Brasiliense* – também o era. A Maçonaria, como se sabe, teve um papel importante seja na organização de parte da Imprensa, em muitos países, seja na condução de movimentos revolucionários ou na difusão de ideias iluministas[64].

O terceiro jornal brasileiro também é inaugurador de um terceiro subgênero. Trata-se de *A Idade d'Ouro no Brasil*, fundado pelo comerciante português Silva Serva em 1811, com autorização do governo joanino. Este seria um jornal analítico – dedicado a assuntos culturais diversos – mas não político. Difere, portanto, das gazetas, mas também

---

64. Outros jornais constitucionalistas, como o *Revérbero Constitucional*, surgiram em outras partes do Brasil, como o jornal pernambucano *O Alfaiate Constitucional*, publicado em 1821. Cf. BERNARDES, 2006, p. 309.

não está relacionado com o jornalismo polêmico e atuante dos jornais maçons que indicamos – o *Correio Brasiliense* e o *Revérbero Constitucional Fluminense*, cujos jornalistas-fundadores também fundariam *O Silfo*, em 1823. *A Idade d'Ouro* era um jornal especializado, no caso em aspectos culturais, e por isso situei próximo a este jornal o *Diário do Rio de Janeiro*, que também era um jornal especializado, mas nos assuntos pertinentes ao comércio. Estes jornais não se propunham a participar da crítica política.

No esquema proposto, estabeleci três divisões com as linhas pretas reforçadas. Há o setor dos jornais críticos, à esquerda – inaugurado pelo *Correio Brasiliense* e daí descendo para uma diversidade de jornais críticos que pode ser exemplificada com *A Malagueta*, o *Correio do Rio de Janeiro* e *A Sentinela da Liberdade à Beira do Mar da Praia Grande* – um jornal carioca que dialogava com o famoso jornal pernambucano organizado por Cipriano Barata: *A Sentinela da Liberdade na Guarita de Pernambuco*.

O Tamoio, à esquerda do quadro, representa uma situação que deve ser considerada pelos historiadores: a flutuação política dos jornais, que podem passar do apoio à crítica do governo. O jornal foi fundado em 1823 pelos irmãos Andrada, que haviam participado dominantemente do governo de Dom Pedro desde a transferência de Dom João VI para Portugal, e que, depois da Independência, continuaram a dominar o cenário político. Até que, em 1823, são destituídos de seus poderes junto ao governo e, por isso, passam à oposição crítica.

A seção oposta, mais à direita, é o lugar onde foram situados os jornais conservadores e governistas. Enfileirados no canto inferior direito, dentro da seção pró-governista do esquema, há três jornais sucessivamente fundados pelo famoso Visconde de Cairu: *O Conciliador do Reino Unido* (1821)[65], *Reclamação do Brasil* (1822) e *Atalaia* (1823). Poderia se ter incluído, próximo a estes jornais, um panfleto apócrifo – ou um 'jornal interrompido', conforme o ponto de vista – que surge na cena jornalística com o título de *O Despertador Brasiliense* (1821). Trata-se de um libelo atribuído ao Visconde de Cairu[66] que teve grande importância para ajudar a aflorar os sentimentos que se opuseram às medidas recolonizadoras que estavam em vistas de serem impingidas pelos portugueses da Revolução do Porto, o que terminou por conduzir ao episódio do Fico, exigindo a permanência de Dom Pedro I no Brasil e preparando o caminho para a Independência. O Visconde de Cairu, personagem em geral conservador na história da imprensa, sintoni-

---

65. Outros "conciliadores" surgiram em outras partes do Brasil, como foi o caso do *Conciliador do Maranhão*, lançado em 15 de abril de 1821 ainda sob a forma de um jornal manuscrito, e daí passando a impresso a 10 de novembro do mesmo ano. A situação mostra-nos mais algumas possibilidades da Imprensa. Os jornais podiam incluir, em algum momento, a forma manuscrita. É oportuno ressaltar que, de conciliador, o jornal não tinha nada, uma vez que era francamente favorável aos interesses portugueses e áulicos. Quanto ao período de circulação do periódico, o *Conciliador do Maranhão* foi publicado bissemanalmente até 23 de julho de 1823, tendo seu nome reduzido, a partir de certo momento, para *Conciliador*, simplesmente. Cf. SODRÉ, 1999, p. 58.
66. Há também quem o atribua a Francisco de França Miranda.

zou-se aqui, extraordinariamente, com a Imprensa radical, que incluía uma ala independente e uma ala maçônica.

Na mesma seção, também situei os jornais governistas propriamente ditos. Diversos deles, segundo um padrão de alinhamento que foi introduzido pela *Gazeta do Rio de Janeiro*, foram apoiados ou mesmo financiados pelo poder régio, como foi o caso do jornal *O Espelho*, circulante entre 1821 e 1823. Alguns destes jornais explicitam seus projetos de alinhamento ao governo nos próprios títulos, como foi o caso do *Amigo do Rei e da Nação* e do *Bem da Ordem*, ambos fundados em 1821, ou do *Regulador Brasileiro*, circulante entre 1822 e 1823. Não incluí alguns jornais, por dificuldade de administrar o espaço limitado do esquema, mas poderia citar na mesma série outros periódicos como *A Sabatina Familiar dos Amigos do Bem Comum*, um jornal circulante entre 1821 e 1822.

Na seção menor, na parte de baixo do esquema, reservei um espaço para representar os jornais especializados, que não entravam propriamente na polêmica política que agitava a Imprensa brasileira em formação, naqueles três anos que vão da movimentação pela Independência, em 1821, à dissolução da Assembleia Constituinte, em 1823. Já mencionei dois exemplos destes jornais que se direcionam para uma terceira via, o especialismo, seja na cultura, no comércio ou outros âmbitos. O modelo pioneiro foi o já mencionado periódico baiano *A Idade d'Ouro no Brasil*, fundado em 1811 para se tornar o terceiro jornal brasileiro. E o *Diário do Rio de Janeiro*, um jornal voltado prioritariamente para o comércio, teria vida longa desde a sua fundação em 1821.

Considerada a rede que exemplificamos com o 'Quadro 2, p. 62', o historiador-analista, que certamente tem os seus próprios problemas históricos em vista, deve ter sempre em mente que as questões que animaram os jornalistas oitocentistas foram distintas das que moveram os jornalistas atuantes na primeira metade do século XX (Quadro 3, p. 78). Vou apenas evocá-las, exemplificativamente. Uma contradição fundamental do espaço social e político no qual atuavam os jornalistas do Vice-Reino, e também da primeira fase do Brasil Independente, era a oposição dos indivíduos que se identificavam com o Brasil – muito habitualmente chamados *brasilienses* – em relação aos indivíduos que se identificavam com os portugueses, que mais tarde seriam referidos como *reinós*. Não se tratava só de nascimento, pois muitos dos brasilenses eram portugueses (nascidos em Portugal, e não na colônia) que se identificavam com o Brasil. Essa oposição de identidades era um dos temas que animavam, de um lado e de outro, os jornalistas do período que escolhemos para exemplo.

Os embates em torno da luta pela Independência, e sua posterior conservação, constituíam outro aspecto visível. Nem sempre tão visível, mas igualmente estruturante, era o pertencimento de muitos dos intelectuais e políticos brasileiros à sociedade secreta da Maçonaria, a qual tinha as suas próprias representações nos jornais, o que gerava eventuais confrontos da parte de outros jornalistas que não compartilhavam o mesmo pertencimento[67]. O nível de poderes que deveria ter o monarca na nova ordem independente era outra questão que dividia os políticos e jornalistas no período considerado. Havia ainda a questão da autonomia federativa. Os jornais críticos de Pernambuco – o *Sentinela da Liberdade*, produzido por Cipriano Barata (1762-1838), e o *Typhis Pernambucano*, de Frei Caneca (1770-1825) – lutavam principalmente por esta questão, defendendo através de seus jornais uma posição a favor da autonomia pernambucana. De igual maneira, o apoio nas ideias iluministas era uma luz geral que se espalhava sobre diversos dos homens de Imprensa no período considerado. As questões que estruturam o contexto desta ou daquela rede de jornais dialogantes e concorrentes, mesmo que haja outro problema histórico a ser examinado centralmente, devem ser pautadas pelos historiadores empenhados em compreender melhor o seu universo de fontes.

Algo importante a dizer é que todos os jornais que evocamos neste capítulo, relativos ao Brasil do século XIX, dirigiam-se a um público letrado e ativo politicamente. O número de indivíduos alfabetizados ainda não tinha crescido o suficiente, como ocorreria já nas primeiras décadas do século XX, de modo que estes jornais funcionavam à base de pequenas tiragens. Eram produzidos também por pequenas equipes, parcerias de dois jornalistas, ou mesmo

---

67. Assim, no período em torno da Independência, registra-se a fundação do Apostolado, uma sociedade secreta que pretendia se opor à Maçonaria e que incluía em seu quadro jornalistas como Frei Sampaio, redator do *Diário do Governo*.

um só indivíduo, configurando-se aqui um modelo ainda artesanal de produção jornalística. Estes momentos da história da imprensa em determinada sociedade precisam ser sempre considerados pelos historiadores que analisam jornais, seja como objetos, seja como fontes históricas. Um jornal inserido na rede de mercado que prenuncia a formação de uma Grande Imprensa, como vimos no último quadro, ou um jornal inserido na rede artesanal de jornais que se digladiam politicamente, tal como registramos no quadro anterior a este, apresentam demandas diferentes, e consequentemente obrigam a olhares diferenciados da parte dos historiadores. A seguir, retornaremos à reflexão sobre os aspectos que precisam ser visados pelos historiadores que examinam periódicos, agora abordando a importante questão da presença de polifonia (diversidade de vozes autorais ou leitoras) neste tipo de fontes.

10
Polifonia e complexidades

O universo de leitores que constitui a recepção de um jornal é apreensível de muitas maneiras. Os historiadores podem surpreender a composição do público leitor de um jornal através das cartas que estes recebem, sem contar que muitos periódicos mantêm uma página ou sessão de diálogo publicizado com os leitores. Se não está ali representada proporcionalmente a variedade de tipos de leitores que leem o jornal, está pelo menos representada a parcela de leitores que têm meios ou interesses em estabelecer uma comunicação com aquele jornal que estão habituados a ler. Além disso, podemos encontrar indícios sobre a recepção dos jornais em outros textos da época, como nas crônicas que relatam o dia a dia de uma cidade[68], ou como os ro-

---

68. Para o período de circulação de jornais que atrás exemplificamos (o Rio de Janeiro da Primeira República), contamos com cronistas diversos, tais como Luís Edmundo – notabilizado por sua obra *O Rio de Janeiro de meu tempo* (1938) – ou outros como Orestes Barbosa (1893-1966), colaborador do *Diário de Notícias* e da *Gazeta de Notícias*, ou ainda Benjamim Costallat (1897-1961), que atuou também como colaborador da *Gazeta de Notícias* e do *Jornal do Brasil*. Ficcionistas como Lima Barreto, que também alternou a escrita de romances e contos com a elabo-

mances ficcionais que, de maneira explícita ou encoberta, sempre abordam questões bem reais. Correspondências particulares e públicas também costumam falar dos jornais e podem permitir indicações de público. Outros caminhos também são importantes, como a consulta às listas de assinantes.

Com relação ao 'polo editor', é importante compreender que este não é de modo nenhum um lugar único, pacificado, representado apenas pelos editores e donos do jornal. Já vimos em momento anterior que a redação de um jornal contemporâneo é habitada por tipos diversos, frequentemente ajustados a uma cadeia hierárquica que desce do dono ou investidor da empresa jornalística, nos momentos em que este impõe suas próprias decisões editoriais, ao editor-chefe propriamente dito, aos editores relacionados às diversas seções, e daí chegando aos repórteres-autores, aos fotógrafos, aos revisores e preparadores que ajustam o texto e a forma final para serem repassados à equipe gráfica. Cada texto, se for considerado em si mesmo, já é multiautoral em si, pois se vê atravessado por múltiplas personalidades decisórias e estilos que se ajustam uns aos outros. Para além disso, se considerarmos o conjunto geral dos textos jornalísticos que compõem um mesmo jornal, tem-se também uma diversidade textual

---

ração de crônicas e uma atividade jornalística, também se encontram entre estes. Muitas vezes, os intelectuais e literatos também faziam parte do corpo redatorial de um jornal. Também o famoso cronista João do Rio atuou no meio jornalístico, e chegou a dirigir a *Gazeta de Notícias*.

considerável, distribuída nas diversas seções. O conceito que nos permitirá compreender a complexidade do lugar de produção do jornal é o de *polifonia*[69].

Os jornais são conjuntos polifônicos formados por muitos textos. Com esta metáfora, quero chamar atenção para o fato de que os jornais – especialmente nos tempos contemporâneos – são de fato construções coletivas, nas quais ressoam muitas vozes. Se o dono do jornal, ou o seu editor-chefe, detêm um peso importante ou aparentemente esmagador nas tomadas de decisão relativas às linhas gerais de ação do jornal – sem contar a possibilidade de, a qualquer hora, poderem chamar a si a feitura ou supervisão de editoriais por eles encomendados – é preciso se ter consciência de que o corpo de jornalistas responsáveis pelas diversas sessões do jornal é frequentemente amplo e diversificado, capaz de encaminhar de maneira aberta ou encoberta as suas próprias posições diante do jogo político, ainda que precisando interagir com as posições dominantes no periódico. Analisar um jornal é pôr-se em contato com uma obra coletiva e polifônica, que pede que apuremos o ouvido para a escuta das diversas vozes que o percorrem.

O caráter polifônico dos jornais, na verdade, foi se estabelecendo e crescendo cada vez mais com a passagem da modernidade para a contemporaneidade. Para ficarmos

---

69. Conforme já foi dito, a polifonia, na Música, é o modo de apresentação de composições musicais em que se apresentam diversas vozes melódicas em interação. O conceito – que tem sido adaptado para a Linguística e para a História – foi discutido no livro *Fontes Históricas – Uma introdução ais seus usos historiográficos*. Cf. BARROS, 2019a, Capítulo 16.1, e nota n. 272, deste mesmo livro.

com o exemplo do Brasil, há de fato um contraste entre os séculos XIX e XX que se deve considerar. Praticamente artesanais, os jornais oitocentistas podiam ser produzidos pelo empreendimento de um ou dois indivíduos, se fosse o caso. O número mais reduzido de leitores a ser atingido, e, consequentemente, de exemplares a serem produzidos – a tecnologia mais simples, requerente de pouca divisão de trabalho técnico, a variedade mais restrita de seções e âmbitos temáticos, com a concomitante exigência de menos recursos a diferentes produtores dos textos jornalísticos – tudo isto, e outros fatores mais, concorria para que os jornais do século XIX ainda apresentassem uma polifonia de mais baixa intensidade.

De modo inverso, com a passagem para o século XX, os setores de leitores se ampliam, a tecnologia se sofistica e alcança altas tiragens, exigindo maiores especializações nas diferentes etapas do seu manejo. A imagem se instala e conquista cada vez mais espaço – das caricaturas ainda tímidas de meados do século XIX ao desenvolvimento do fotojornalismo. Novas competências autorais são exigidas. O investidor do empreendimento jornalístico não é mais, não necessariamente, o idealizador e realizador do periódico, que se afirma cada vez mais como um trabalho coletivo nos seus diversos níveis. Assim como muitas mãos precisam manejar os procedimentos industriais da publicação, muitas vozes ressoam agora nos contracantos dos seus discursos, fazendo repercutir muitas linguagens e distintas competências autorais. Definitivamente, uma polifonia de alta intensidade se instala na produção jornalística da contemporaneidade.

Analisar um jornal ainda próximo do padrão monológico, por tudo isso, implica procedimentos algo diferenciados em relação ao desafio da análise de periódicos contemporâneos envolvidos por polifonias de alta intensidade, com suas múltiplas sessões e com suas entradas polifônicas em ambos os polos da relação entre edição e recepção. Analisar um jornal contemporâneo é perguntar pela sua variedade de autores e realizadores, e pela sua diversidade de diferentes tipos de leitores. É perguntar, sobretudo, pelas relações entre estes dois universos de complexidade[70].

Quero lembrar que pode haver um expressivo conflito entre algumas das diferentes vozes presentes nos jornais contemporâneos – cuja polifonia de alta intensidade contrasta bastante com os jornais monódicos ou de baixa intensidade polifônica da primeira época da Imprensa[71]. Os conflitos e entrechoques polifônicos podem se tornar ain-

---

70. Para ressaltar o contraste entre os jornais monódicos da primeira fase da história da imprensa e os 'jornais polifônicos' de sua segunda fase, podemos estender a todos os grandes jornais modernos, ligados à Grande e à Média Imprensa, os comentários abaixo – registrados pelo historiador Antônio Herculano Lopes em um ensaio sobre o *Jornal do Brasil* na virada para o século XX: "Na condição de grande empresa, o *Jornal do Brasil* estava muito distante dos jornais oitocentistas que se identificavam inteiramente como um dono com opiniões monolíticas. Como um jornal moderno, abrigava posições distintas, muitas vezes conflitantes, ainda que dentro de certos limites estabelecidos pela linha editorial" (LOPES, 2006, p. 344).

71. Para o caso do Brasil, a linha de demarcação entre estas duas fases da história da imprensa situa-se no período que medeia a passagem do século XIX para o século XX.

da mais claros quando, por trás destas vozes distintas, há posições bem demarcadas por indivíduos específicos: diferentes editores-chefes, ligados a setores diferenciados dos jornais, por exemplo. Quando isto ocorre, apresenta-se uma oportunidade exemplar para os historiadores. A polifonia conflitante é uma riqueza, e não um limite paralisante, que permite aos historiadores perceber com maior clareza discursos que, de outra forma, talvez não surgissem tão bem delineados. Quando uma voz se pronuncia, direta ou encobertamente, contra outra voz que coparticipa do mesmo jornal, conseguimos surpreender momentos de especial claridade discursiva[72]. As polifonias de todos os tipos, via de regra, são presentes extraordinários para os historiadores que aprenderem a lidar com os diversos tipos de dialogismos.

Uma vez que os jornais diários operam desde o último século com pelo menos duas grandes ordens de linguagens – a *escrita* dos textos de vários tipos e a *imagética* dos desenhos, caricaturas e fotografias – analisá-los implica trabalhar com estes diferentes tipos de registros. Este é mais um aspecto polifônico dos jornais: o diálogo e interação entre diferentes tipos de linguagens. Lidar com esta polifonia

---

72. O historiador Robert Darnton (n.1939), cuja vivência nos ambientes redacionais de um jornal estadunidense comentaremos no próximo capítulo, assim se refere a um destes focos de conflito interno presentes em um mesmo jornal: "O diretor da sucursal londrina do *The Times*, quando eu trabalhei lá, era veementemente favorável aos ingleses, ao passo que o diretor da sucursal de Paris era favorável aos franceses. Ao noticiarem as negociações da Inglaterra para entrarem no Mercado Comum, escreviam um contra o outro" (DARNTON, 1990, p. 83).

multidiscursiva, para o historiador, implica considerável erudição, pois os diversos tipos de discursos imagéticos – o *cartoon*, o desenho, a fotografia – clamam por distintos métodos e técnicas de análises em relação àqueles que podem ser empregados para a abordagem dos variados tipos de textos (a crônica, o noticiário político, o informativo de crimes, o comentário econômico).

Em contrapartida, é possível trabalhar setorialmente com os periódicos, definindo seções mais específicas para incidir a investigação: as notícias de certo tipo (política, guerra e diplomacia, crime, esporte, e assim por diante), os textos de opinião voltados para âmbitos diversos, os classificados, os obituários, as caricaturas e tirinhas de HQ, as ilustrações e fotorreportagens, as páginas de crítica literária, as seções de interação com os leitores, os editoriais, os comentários sobre moda, os informes relacionados ao mundo da arte e do entretenimento, e tantas outras seções quantas as que se apresentam em um jornal diário de grande ou médio porte.

11
A relação entre o conteúdo e a forma na fonte jornalística

Para o historiador que aborda as mensagens e conteúdos presentes em uma fonte periódica, o lugar físico da matéria jornalística, dentro de uma disposição espacial oferecida pelo exemplar do jornal, é um elemento capital para a análise que será desenvolvida. É de fato imprescindível adquirir uma clara consciência acerca do lugar no qual se encontra a notícia ou informação que está sendo analisada. A página e a posição de página, o caderno em que se encontra o texto em análise, bem como uma noção lúcida e atenta sobre as implicações trazidas pelas demais matérias que o circundam, constituem de fato fatores essenciais a serem considerados pelo analista historiográfico. A posição física de uma determinada matéria jornalística, que geralmente nada tem de gratuito, já nos diz muito sobre a sua valorização e visibilidade.

A primeira página – que ficará exposta na banca mesmo para aqueles que não pretenderem adquirir um exemplar do jornal – é obviamente o lugar de maior destaque. Mas há também a "segunda frente", que é a primeira página do segundo caderno (isto nos casos de jornais contemporâneos, formados por muitas páginas acomodadas em alguns cadernos). "Perto do começo do caderno e na parte superior da página" temos lugares que também agregam prestígio e visibilidade à matéria[73]. Ao sul de cada página, a matéria perde visibilidade, e consequentemente o seu valor simbólico. Para um cantinho destas, pode ser relegada a matéria rápida e curta que se precisa dar, mas que não se *deseja* dar.

Evidentemente, o jornal não é de hábito um espaço unitário e homogêneo, no interior do qual todas as matérias são meramente postas a disputar a sua posição neste ou naquele caderno como se tivéssemos aqui uma simples concorrência para as posições de destaque. Nas folhas do Antigo Regime talvez ainda fosse possível encontrar este espaço único que é mais próprio para os panfletos. Nos jornais que adentram a contemporaneidade, todavia, são de praxe as seções tematizadas, com seu lugar físico já muito bem-estabelecido. Os leitores que as apreciam já costumam ir direto ao ponto no qual poderão encontrá-las.

A política, a economia, o crime, o esporte, a moda e comportamento, a cultura e entretenimento, os classificados e obituários – estas e muitas outras seções podem fazer parte da tablatura fixa de um jornal, já bem conhecida

---

73. Para estes e outros comentários sobre as posições privilegiadas que podem ser ocupadas pelas matérias jornalísticas nas páginas de um jornal, cf. as observações de Robert Darnton (1990, p. 73).

pelos seus leitores mais habituais. Cada uma destas seções pode ter os seus próprios lugares internos a serem disputados pelas mensagens e conteúdos que foram definidos para compor aquela edição. Sobre este passo, é importante compreender que as diferentes seções de um jornal, quando este é o caso, podem se referir a distintos tipos de leitores a serem alcançados ou conquistados pelas estratégias editoriais. Há quem se concentre nas páginas de esportes ou de crimes. Na verdade, há mesmo jornais praticamente especializados em esportes ou crime. Há outros leitores que já percorrem, atentamente, alguma combinação de três ou quatro seções antes de descartar o exemplar com uma despretensiosa olhadela geral. Mais raro, há o leitor de tudo ou quase tudo, cuja demorada leitura se estende ao longo de boa parte do seu dia.

Para retomar as palavras do historiador Robert Darnton – que viveu o ambiente de um grande jornal por dentro, e como coparticipante de sua construção diária na função de jornalista – deve se ter em vista que "ela [a direção de um jornal] calcula que determinados grupos lerão certas partes do jornal, e não que um hipotético leitor geral lerá tudo"[74]. Mais adiante, o historiador norte-americano prossegue, referindo-se à prática organizativa que regia em sua época o famoso jornal estadunidense *Times*:

> [A Direção] estimula a especialização entre jornalistas. Contrata um médico para cobrir a área médica, envia um futuro repórter do

---

74. DARNTON, 1990, p. 81.

Supremo Tribunal para a faculdade de direito pelo período de um ano, e abre constantemente novas áreas, como publicidade, arquitetura e música popular.

É claro que estamos falando aqui de um dos maiores jornais contemporâneos, incrustado em uma sociedade que se situa no centro do capitalismo. Além disso, é preciso sempre lembrar que a profissionalização dos jornalistas, e também a intensificação do seu nível de especialização, constituem um fenômeno que se dá na passagem do jornalismo voluntarioso do século XIX para a Imprensa industrializada do século XX. Em nenhum momento devemos nos esquecer que, ao analisar um periódico, precisamos situá-lo no arco maior da história da imprensa e identificar o seu pertencimento a um destes dois momentos: a Imprensa dos pequenos jornais que se voltam para um conjunto menor de leitores e se elabora em um circuito de produção mais singelo, e a imprensa já inserida no mercado capitalista a partir de grandes tiragens que se dirigem à captação de uma massa de leitores, elaborada a partir das agitadas redações com alta divisão de trabalho tão típicas da indústria jornalística do século XX. A passagem de um a outro movimento desta história, naturalmente, dá-se em momentos distintos para cada país do mundo, comportando saltos e gradações[75].

---

75. No Brasil, por exemplo, com o início da atividade jornalística em 1808, oficial ou privada, ainda se estava em um estágio tecnológico, profissional e mercadológico mais simplificado, distinto do que já ocorria com a Imprensa na Inglaterra ou na França.

Posto isto, a partilha do conteúdo de jornais em campos temáticos, que são preparados para serem facilmente encontráveis pelos variados tipos de leitores de um jornal nas suas diversas seções, representa uma tendência antiga, funcional, eficaz. Cedo, os jornalistas aprenderam a escrever para públicos específicos de leitores, e agora os historiadores, que precisam compreender estes jornalistas localizados historicamente, devem percorrer o caminho inverso: A quem esta matéria se destina? Que tipos de leitores foram visados pelo autor do texto? E, mais adiante, é também preciso se perguntar: Como estes diferentes tipos de leitores, que foram atraídos para a leitura destas seções temáticas do jornal, podem ter dado a sua própria contribuição para redefinir a produção de outras matérias inseridas nesta mesma seção, nos sucessivos números do jornal analisado?

Perguntar pela produção e recepção envolvidas em cada seção temática de um jornal é atentar, mais uma vez, para o circuito completo da 'produção, circulação e recepção' que se repete inúmeras vezes dentro de um mesmo número editado de certo periódico.

Além da posição da matéria no exemplar final de um jornal, o historiador-analista não pode deixar de pensar no ritmo que regeu o seu processo de produção. Para ainda considerar o jornalismo diário de massa do século XX, as reportagens acontecimentais precisam ser produzidas rapidamente. Em uma redação tipicamente moderna, assim que anunciados os seus focos geradores, os acontecimentos a serem convertidos em matérias hão de requerer rapidez e celeridade dos repórteres indicados para ir a campo, e uma agilidade igualmente comparável será exigida para os jornalistas encarregados de escrever o texto. Os revisores e preparadores do texto final, da mesma forma, terão de acompanhar este ritmo rápido que se torna característico de toda notícia quente, assaltada pela urgência e pelo desejo de dar o "furo" antes de todos os concorrentes. Já as reportagens de investigação podem amadurecer e se realizar em dias, semanas, ou até meses, e seus textos finais poderão ser produzidos com maior cuidado e vagar, cada palavra sendo mais bem pesada e refletida, possibilitando-se aqui conversas mais demoradas com o editor da seção.

Os artigos de opinião, da mesma maneira, terão o seu próprio ritmo. Se fizerem parte de uma coluna recorrente, os textos analíticos e opinativos poderão estar mesmo relacionados a uma rotina habitual, já fixada pelo seu jornalista-autor, que aqui-agora se aproximará francamente das práticas do literato que faz da escrita um ofício paciente e artesanal. Os prazos que foram previstos para a entrega deste ou daquele artigo têm muito a dizer aos historiadores. O tempo, como sempre, é um fator importante para ser abordado, para além do espaço físico e simbólico que a matéria encontrou na fonte periódica.

Voltando ao aspecto da valorização das notícias conforme o espaço físico e simbólico que as mesmas ocupam na edição definitiva do jornal, podemos lembrar que o acompanhamento de fotos, ou não, também agrega significados e relevâncias importantes a uma determinada matéria. Pôr uma notícia abaixo ou ao lado de uma outra, em muitos casos pode ser uma estratégia discursiva capaz de produzir uma metalinguagem, na qual determinadas associações serão instantaneamente passadas ao leitor. O editor de um jornal costuma pensar estas estratégias discursivas jogando com a posição das diversas matérias, e em certas ocasiões essa prática pode atender a objetivos políticos muito precisos. Situar a reportagem sobre o político que se quer denegrir ao lado da seção de narrativas sobre crimes, ou a matéria sobre a líder feminista que se quer desmoralizar ao lado da seção de futilidades, pode constituir um procedimento eficaz. Oferecer à reportagem sobre o político aliado do jornal, além dos comentários elogiosos, também um bom espaço físico e simbólico – situado bem ao lado de uma matéria comemorativa sobre um antigo líder político que já entrou para a História pela porta da frente – pode-se apresentar como um ardil eficiente que não precisa de muita elucubração e cálculos.

Pensar as conexões das diversas matérias com a política, com a Grande Política, principalmente nas seções a esta dedicadas, faz parte do *metier* do editor de seção, e de todos que estão acima dele. Um jornalista-autor menos posicionado na hierarquia da sala de redação, por outro lado, pode confrontar habilmente uma decisão editorial ao introduzir na matéria uma fotografia que contradiz o discurso favorável ou desfavorável a este ou àquele personagem político. É comum, nas épocas de ditadura ou de repressão à liberdade de imprensa, dizer com detalhes presentes nas fotografias coisas que não podem ser ditas nos textos submetidos à lupa da censura. Nem sempre se escolhe a melhor foto de um político repressor. Quem sabe não se poderá estampar, ao lado da reportagem laudatória, a foto em que o político deixou-se flagrar pela câmera ágil que apreendeu, sob um sol escaldante, o momento exato em que o mesmo fazia a limpeza digital da narina esquerda?

Contrariando a lauda, a foto pode trazer a expressão de asco no rosto da autoridade, um gesto mais truculento, o desinteresse ou a sonolência fora de hora, o truncamento das pernas após um passo mal dado, o tombo. A foto é uma unidade de sentido inserida em uma outra ordem de discursos que pode apoiar ou contrariar o discurso verbal. A voz do fotógrafo, eloquente como todas as outras, pode se apor ou se opor ao discurso verbal que por ela se faz acompanhar através da imagem exposta.

Infelizmente, também é possível empregar a manipulação para outros fins que não apenas a luta contra a opressão ou as injustiças sociais. Pode-se tentar desmoralizar, através de fotos bem escolhidas, líderes políticos importantes para a sociedade, quando estes não aceitam transigir diante de interesses que se querem ver beneficiados. Aspectos como estes nos levam ao próximo capítulo: a relação entre o jornal e o mundo político.

12
O jogo do poder e as pressões políticas

As diversas mãos que entretecem o discurso jornalístico, e que o viabilizam no suporte impresso, além de exercerem pressões no mundo que os circunda também podem, de sua parte, sofrer uma grande variedade de pressões externas, advindas das circunstâncias econômicas e particularmente do mundo político. Dito de outro modo, se o jornal é ele mesmo uma força política, um agente capaz de interferir ativamente nos rumos do país ou da cidade em que se insere, também a Política, através de seus múltiplos movimentos e atores, pode pressionar o polo editor de um jornal. Já são tristemente eloquentes os estudos que revelam as interferências da Ditadura Militar brasileira na produção impressa dos "anos de chumbo". Seja perseguindo periódicos menores ligados à atividade sindical e a movimentos sociais diversos, seja pressionando ou enlevando jornais integrantes da chamada Grande Imprensa, o regime ditatorial militar que se instalou no Brasil a partir de 1964 logo percebeu a necessidade de lidar com a Imprensa como uma questão fundamental para a instalação e conservação da ordem que pretendia impor.

A repressão, pressão e cooptação da imprensa jornalística foi característica dos vinte e quatro anos de ditadura civil-militar no Brasil, ou como quer que chamemos a este regime que teve os militares no comando do poder executivo. Com relação à possibilidade de cooptação da imprensa, como alternativa à pressão e repressão, temos no primeiro caso o exemplo histórico das empresas jornalísticas que ascenderam ou se fortaleceram precisamente neste longo período de exceção. O jornal, em situações como esta, faz-se instrumento para a política autoritária; e seus proprietários se enriquecem com isto.

Caso bem conhecido de adesão e apoio ao regime militar no Brasil foi o do jornal *O Globo*, que apoiou abertamente o Golpe em 1964 e, vinte anos mais tarde, em 1984, ratificou mais uma vez este apoio através de um editorial assinado por seu editor-proprietário, Roberto Marinho (1904-2003), mesmo já estando a Ditadura em sua fase final e declinante. Em 2013 – já em período democrático e depois de um crescimento econômico e institucional considerável que incluiu a fundação da Rede Globo de Televisão, em 1965, com sua concomitante ascensão à posição de primeira empresa televisiva do país – um editorial de *O Globo* reconhece mais uma vez que apoiou a ditadura militar, mas agora afirmando que, "à luz da história", tratou-se de um inegável erro[76].

É incontornável, para os historiadores que quiserem trabalhar com este periódico como fonte ou objeto histórico, e também com a emissora televisiva a ele ligada, considerar que o apoio ao regime ditatorial deu o tom dominante à ampla maioria dos informes e discursos políticos encaminhados pelo jornal *O Globo* naquele período. Não há como trabalhar com este periódico, e outros da mesma época, como se fossem meros 'veículos de informação', capazes de oferecer conteúdos neutros e desinteressados, que simplesmente podem ser colhidos e instrumentalizados sem qualquer crítica por parte do historiador ou do analista da fonte jornalística.

As informações, sua seleção no interior do que vai ser dito, os modos como a informação será disponibilizada, o discurso que a encaminha, o destaque que se dá a este informe e não a outro, os silêncios propositados e os silêncios concedidos, ou mesmo as distorções – considerando

---

76. No editorial de 2013, em um texto no qual reconhece que apoiou o Golpe em 1964 e que persistiu neste apoio durante muito tempo, *O Globo* declara, em tom arrependido: "Naquele contexto, o golpe, chamado 'Revolução', termo adotado pelo *O Globo* durante muito tempo, era visto pelo jornal como a única alternativa para manter o Brasil numa democracia". Em seguida, o texto refere-se ao editorial de 1984, que ratifica o Golpe, mas tenta amenizá-lo evocando uma pretensa postura democrática do jornal, e de crítica aos excessos da ditadura, mesmo durante o longo período da Ditadura Militar no Brasil. Por fim, o editorial de 2013 conclui: "À luz da História, contudo, não há por que não reconhecer, hoje, explicitamente, que o apoio foi um erro, assim como equivocadas foram outras decisões editoriais do período que decorreram desse desacerto original. A democracia é um valor absoluto. E, quando em risco, ela só pode ser salva por si mesma".

que estas ocorrem através de inúmeras estratégias discursivas –, tudo isto nos é oferecido por um jornal ou revista como um entremeado de informação e discurso. Trabalhar com os jornais do período ditatorial militar como se estes pudessem (e, em muitos casos, quisessem) funcionar como mero "veículo de informações", é efetivamente uma quimera. Na verdade, não é possível trabalhar desta maneira com nenhum jornal em nenhum período, e a situação mais radical e explícita das ditaduras apenas expõe mais claramente o nível ideológico que perpassa qualquer jornal a qualquer tempo.

Há que considerar também que um mesmo jornal pode se afirmar preponderantemente como lugar de apoio aos poderes dominantes, ainda que abrigando sessões e frestas nas quais podem se expressar resistências a estes mesmos poderes. Tal se dá em virtude da natureza polifônica dos jornais – os quais são constituídos pela concomitância de textos multiautorais, conforme já salientamos – e também em decorrência do fato de que estes textos são habitualmente orientados ou mediados por metas que sinalizam a intenção de conservar o respeito, a atenção e o interesse de diferentes segmentos do público leitor. O jornal tem posições a sustentar, mas também tem um público pelo qual zelar.

Pode se dar, inclusive, que o jornal que concedeu seu apoio mais imediato à instalação ou ao fortalecimento de determinados poderes veja-se oprimido por estes mesmos poderes em um instante subsequente, tal como ocorreu com *O Estado de S. Paulo* também no período da ditadura militar no Brasil[77]. Neste caso, o jornal *O Estado de S. Paulo* passou a enredar a sujeição ao regime ditatorial com resistências encaminhadas através de estratégias editoriais diversas. A substituição de matérias censuradas ou proibidas de serem publicadas por trechos extraídos de poemas famosos, ou por simples espaços vazios, tornou-se eloquente em alguns momentos[78]. No *Jornal da Tarde*, um periódico do mesmo período e dirigido por um irmão do editor-chefe de *O Estado de S. Paulo*, aparecem também as receitas de doces e bolos. Fora estratégias de resistência como estas, menos ou mais explícitas, outros periódicos reagiram à censura com a autocensura, tentando adivinhar o que seria considerado inaceitável e passível de repressão pelo regime em termos de matérias jornalísticas. Este é talvez o momento mais terrível para a liberdade de expressão: aquele

---

77. Cf. AQUINO, 1999. *O Estado de S. Paulo* havia apoiado o Golpe em 1964, como boa parte da Grande Imprensa brasileira. Entrementes, diante da promulgação do AI-5, em 1968, tentou esboçar uma resistência efetiva à Censura que terminou por se instalar naquele mesmo momento, bancando inicialmente a publicação do editorial "Instituição em Frangalhos", elaborado por Júlio de Mesquita Filho para ser publicizado na edição de 13 de dezembro de 1968 como uma crítica antecipada ao Ato Institucional n. 5. Os exemplares foram recolhidos pelas forças policiais.

78. Trechos extraídos de *Os Lusíadas*, de Camões, apareceram 655 vezes nas páginas do *Estado de S. Paulo*, entre 2 de agosto de 1973 e 3 de janeiro de 1975, conforme o acervo digitalizado do jornal e a pesquisa desenvolvida por Maria Aparecida de Aquino (1999), que abordou um universo de 1.136 textos censurados só nesse periódico, durante um período de 21 meses e cinco dias. Também podem ser identificados – com a mesma finalidade de recobrir espaços vazios deixados por conteúdos retirados pelos censores – poemas de Gonçalves Dias, Castro Alves, Olavo Bilac, Cecília Meireles e Manuel Bandeira. Com relação aos textos censurados, estes foram arquivados na época, e mais tarde, já no período democrático, disponibilizados em arquivo digital.

em que a censura é antecipada pela autocensura, entronizando-se e impedindo a postura crítica e a livre-expressão antes mesmo que elas posam florescer.

Estes exemplos mostram um pouco do intrincado jogo de pressões e contrapressões políticas que pode se erigir em torno das matérias jornalísticas. As ditaduras apenas oferecem um momento de especial definição de imagem para bem visualizar a permanente interferência de poderes diversos na produção do jornal; mas o fato é que este jogo – explícito ou encoberto – está presente em todos os momentos, e é função dos historiadores decifrá-lo.

Ao lado disto, em movimento inverso, a Imprensa afirma-se como ator político fundamental nas diversas situações, e jamais se situa apenas como um mero transmissor de informações. Pode se colocar em uma posição crítica em relação aos poderes dominantes na política ou na economia, ou pode se colocar a favor destes mesmos poderes, incluindo combinações de poderes locais e internacionais. Esta última situação ocorreu na ditadura do período militar dos anos 1960 e, para prosseguir com o espaço político-social brasileiro, ocorreu mais tarde, nos acontecimentos que levaram ao Golpe de 2016, já envolvendo a aliança de outras forças políticas e econômicas, entre as quais uma parte expressiva de membros do poder judiciário, as mídias ligadas aos cinco maiores jornais em circulação no país, e uma parte expressiva dos parlamentares, contando-se ainda com a apropriação de parte significativa da opinião pública. Os interesses do capitalismo internacional, além disso, somaram-se a estas forças, ou mesmo contribuíram para a sua definição, situando diversos jornais e redes televisivas em um quadro favorável ao desfecho de um novo Golpe, o qual se concretizou e se estendeu para depois, de forma continuada.

Tanto mais quanto recuarmos para o passado, encontraremos a recorrência de setores da Imprensa escolhendo explicitamente seu lado no sistema dos poderes que se confrontam, ou sendo constituídos por estes mesmos poderes, já que os diversos governos e poderes privados também fundam os seus órgãos e empresas jornalísticas. Para ainda nos mantermos no caso brasileiro, podemos recuar até o momento-chave de formação de uma imprensa nacional para encontrar mais um exemplo significativo. Em 1808, o governo de Dom João VI decide implantar no país a Imprensa Régia, e funda em setembro do mesmo ano o seu próprio jornal oficial, a *Gazeta do Rio de Janeiro*, que pode ser considerado por isso nosso primeiro jornal impresso legalizado. Em contrapartida a este jornal que nasce como porta-voz da ordem estabelecida, neste mesmo ano é fundado o *Correio Brasiliense*, um jornal de oposição impresso em Londres[79]. Deste modo, a imprensa oficial e a imprensa crítica estabelecem aqui o seu confronto, do qual podem se valer os historiadores de hoje para a percepção de algumas das forças políticas que afetavam e constituíam o campo jornalístico na época.

---

79. O jornal *O Correio Brasiliense* foi fundado por Hipólito José da Costa, e circulou entre junho de 1808 e dezembro de 1822. Sua periodicidade era mensal.

Se o confronto entre jornais é interessante para a observação do contraste de ideias e posições políticas, vale lembrar que, mesmo quando é soberano e único no seu local de ação impressa, o jornal não deixa de ter ligações políticas ou de ser, ele mesmo, um emaranhado de relações políticas menos ou mais perceptíveis[80].

---

80. "Com o passar do tempo, as intenções políticas e partidárias desenhadas pelos proprietários ou conselhos editoriais dos jornais são cada vez mais claramente reveladas pelo movimento da história que pretendem registrar, perfilar, ocultar ou mesmo determinar. Além disso, não podemos esquecer que na origem social e histórica de todo e qualquer jornal repousa implícita a existência de um conflito ou disputa política; assim, ainda quando for único numa cidade, ele jamais deixará de espelhar as pelejas latentes ou explícitas que nela ocorrem, o que será ainda mais notado, quando as mesmas alimentarem o surgimento de outros periódicos. O cuidado metodológico a ser tomado pelo pesquisador é no sentido de uma tomada de consciência acerca da presença inevitável das ideologias no interior de qualquer jornal. Fazendo isso, ele poderá, inclusive, melhor entender certas contradições que frequentemente encontrará no tratamento dado pelo jornal a um mesmo acontecimento" (CAVALCANTE, 2002, p. 27).

13
A compreensão da História da Imprensa como requisito para o trabalho com jornais-fontes

Até este ponto, ressaltamos a necessidade de compreendermos o jornal "por dentro" – o que pressupõe ter consciência do jogo de muitas vozes que o constroem, das intertextualidades que permeiam os seus discursos, das estratégias que se disponibilizam àqueles que o produzem. Discutimos também a necessidade de entender o jornal "por fora" – considerando o contexto que o envolve, as pressões externas que o afetam e o 'lugar de produção' que o enquadra, no sentido mais amplo (sua época, sociedade, circunstâncias). Uma terceira medida importante, por outro lado, é compreender o momento tecnológico que se relaciona ao jornal que tomamos como fonte histórica.

Antes de se pôr a examinar jornais como fontes históricas, é importante que o pesquisador se prepare adequadamente através de leituras sistemáticas no âmbito da História da Imprensa. Isto porque o jornal – enquanto gênero, prática social e tecnologia – possui também uma história, e essa história afeta a fonte-jornal em cada ponto da sua trajetória. Examinar jornais da França do século XVIII – antes ou depois do período revolucionário – é uma operação diferente de examinar jornais no Brasil Republicano do princípio do século XX, para retomarmos os casos que trabalhamos anteriormente.

A título de exemplo, consideremos apenas o aspecto da tecnologia como foco de análise. Quando comparamos os jornais do período Imperial e os da Primeira República, saltam aos olhos as rápidas melhorias tecnológicas que incidiram sobre a história da imprensa neste segundo momento. Na primeira década do novo século, chegam a São Paulo as primeiras rotativas, o que em breve permitiria que se superasse o momento tecnológico das máquinas tipográficas planas. Com isso, a capacidade de impressão, em um jornal como *O Estado de S. Paulo* pode saltar da tiragem-hora de 5 mil exemplares de quatro ou oito páginas dobradas para uma tiragem de "35 mil exemplares diários de 16 a 20 páginas"[81].

Uma mudança tecnológica pontual permitiu tanto multiplicar extraordinariamente a tiragem e atender a um público consumidor de leitores muito mais amplo (ou criar mesmo este novo público, já que agora um número maior de jornais podia chegar aos pontos de consumo), como também baratear o custo de cada exemplar

---

81. Sobre isto, cf. SODRÉ, 1977, p. 304; SOUZA, 2003, p. 19-20.

e, por fim, ampliar o número de páginas do jornal, abrindo espaço para a criação de novas sessões. A mudança tecnológica, desta forma, pôde produzir três efeitos: um efeito social-demográfico (ampliação do universo de leitores-compradores), um efeito econômico (barateamento do preço beneficiando simultaneamente a produção e o consumo), e um efeito cultural (a ampliação de páginas, com a concomitante abertura de mais espaço para mais notícias e novas sessões).

O conteúdo, deste modo, vê-se afetado positivamente pelas possibilidades de mudanças no suporte, e estas mesmas já foram decorrências da inovação tecnológica no âmbito da impressão. Ao mesmo tempo, mais exemplares, mais leitores possíveis. Menos custo do produto final, mais acesso do jornal a classes menos favorecidas, com uma consequente diversificação social no polo leitor. Mais exemplares de jornais nas mãos de um número maior de leitores, mais força política para os órgãos de Imprensa. Leitores com novos perfis, novos padrões de escrita. No altamente mutável mundo dos jornais do início do século XX, uma simples mudança repercute em outras. Um tal conjunto de transformações articuladas, em tão curto tempo, só voltaria a se repetir no início do século seguinte, com o convívio dos jornais com a nova sociedade digital.

Para o contexto jornalístico de transformações pertinentes ao Brasil Republicano, que aqui tomamos como exemplo ilustrativo, evoco uma interessante passagem extraída do ensaio da socióloga Maria de Lourdes Eleutério sobre o tema (2008), uma vez que o texto resume de maneira exemplar o conjunto de mutações que afetam a Imprensa brasileira da época produzindo efeitos em todas as direções:

> Nesse período de transformações, a imprensa conheceu múltiplos processos de inovação tecnológica que permitiram o uso de ilustração diversificada – charge, caricatura, fotografia –, assim como aumento das tiragens, melhor qualidade de impressão, menor custo do impresso, propiciando o ensaio da comunicação de massa. No campo gráfico, as transformações foram intensas e impactantes. Como um movimento orquestrado, os setores de suporte daquela atividade conheceram avanços, surgindo rapidamente um mercado consumidor, enquanto se estimulava a produção interna do papel, matéria-prima fundamental para o desenvolvimento do ramo (ELEUTÉRIO, 2008, p. 83).

"Orquestração" é a palavra certa. Não encontro neste momento outra expressão mais precisa do que este conceito originário da teoria musical e da prática musical sinfônica. De fato, o uso destes ou daqueles jornais como fontes históricas pressupõe o conhecimento da música que lhes deu origem, para insistir mais uma vez nesta bela metáfora. Os progressos tecnológicos, as mudanças na prática jornalística, os aperfeiçoamentos no uso do texto e das imagens de vários tipos, o aperfeiçoamento da nitidez gráfica, a possibilidade de ampliação extraordinária nas tiragens diárias, o concomitante desenvolvimento de um público consumidor redefinido pela ampliação possível no número de leitores, e, por fim, o próprio estímulo ao desenvolvimento das indústrias de suporte, sobretudo a voltada para produção e elaboração do papel-imprensa – eis aqui uma bem-articulada composição envolvendo muitos fatores diante dos quais é difícil dizer que fator ressoou primeiro em qual outro.

Compreender este conjunto articulado de fatores que recolocam os jornais em um novo momento e patamar de possibilidades, em cada uma das fases da história da imprensa de cada país, é uma condição tão importante para o pesquisador que usa os periódicos como fontes históricas como o é a própria preparação para enfrentar a análise dos textos jornalísticos em si mesma. O contexto e o discurso não podem ser negligenciados. Não em qualquer tipo de fontes, é claro. Mas isto fica particularmente evidente no que concerne à utilização das fontes impressas para dar conta dos problemas historiográficos. O jornal – este meio de comunicação de ideias e projetos sociais que quer transparecer para todos os que compõem o seu público como um 'veículo de informação', este produto originado por uma indústria que se renova a cada instante, este instrumento de sociabilidade que envolve em um girante círculo hermenêutico os produtores e receptores de um discurso no qual muitas vozes se fazem ouvir e representar – parece exigir dos historiadores toda a capacidade indiciária e a criticidade que desenvolveram no decurso da história da historiografia. O encontro entre o contexto e o discurso, entre a tecnologia e as práticas, entre as visões de mundo e a realidade material efetiva, afirma-se aqui como o ponto nevrálgico em que a metodologia aplicável à análise das fontes impressas – ainda que visando temáticas de estudo e problemas históricos os mais variados – impõe que nos rendamos à necessidade de se conhecer adequadamente a história da imprensa que incide no período de produção das fontes impressas examinadas[82].

---

82. Algumas indicações são aqui oportunas. Para uma visão geral da história da imprensa no Brasil, já há algumas obras importantes, entre as quais SODRÉ, 1999; LUCA, 2008; MARTINS, 2008; BARBOSA, 2010. Mais específica em relação aos séculos XVIII e XIX é a coletânea organizada por NEVES, 2009. Períodos e aspectos ainda mais específicos, como o processo de Independência, também apresentam bibliografia própria, a exemplo de LUSTOSA, 2000. Muitas obras sobre jornais específicos também estão presentes, como o estudo sobre a *Gazeta do Rio de Janeiro*, desenvolvido por SILVA, 2007. Há ainda os estudos sobre a Imprensa em cidades específicas, como São Paulo (CRUZ, 2000; DUARTE, 1972). Com relação à História da Imprensa no mundo, cf. ALBERT; TERROU, 1990.

14
Métodos

Os métodos para analisar os discursos e informações que nos chegam através da fonte-jornal são de número indefinido, pois correspondem a todos os métodos e técnicas disponíveis para analisar textos, ainda que observando as especificidades do discurso jornalístico e do suporte-jornal. Ao examinar uma matéria, qualitativamente, ou um conjunto de matérias – serialmente –, podemos investigar o vocabulário, rastrear temáticas, decifrar estratégias discursivas, empreender uma análise sistemática da hierarquização apreensível a partir da posição ocupada pela matéria na disposição paginada do jornal.

Este último aspecto é particularmente importante para o olhar metodológico: implica perceber que o discurso jornalístico opera no tempo em que se dá a ler e no espaço que configura para leitura. No tempo, o jornal se insere necessariamente em uma série que é publicizada com algum ritmo de recorrência (senão, conforme já vimos anteriormente, o jornal não seria um periódico). A série de jornais diários, que se sucede "dia a dia" no tempo, é o registro mais evidente e imediato do fato de que todo jornal opera no tempo, partilhando suas matérias e notícias em uma série indefinida que se estende na duração de edições que se encadeiam uma à outra. Entrementes, o jornal também opera no espaço, ou a partir de um espaço gráfico, no qual ele dispõe suas matérias de uma determinada maneira e não de outra. A maneira como o jornal organiza o seu conteúdo no espaço gráfico deve ser levada em consideração pelo analista-pesquisador. O conteúdo distribui-se através de muitas páginas, e em várias posições no interior de cada página. Sempre conforme o problema historiográfico que se tenha em vista, um esforço de análise, em especial, deve ser dedicado à primeira página, sempre muito reveladora do que pensam os editores do jornal acerca das expectativas dos leitores que esperam alcançar, e também denunciadora dos projetos de agir sobre a sociedade que estes mesmos editores desejam impor[83].

É oportuno ressaltar, ainda, outra vantagem e peculiaridade decorrente do modo consoante o qual o jornal

---

83. "De modo geral, a primeira página tem tido sempre uma importância primordial por oferecer, de um lado, um apanhado das principais notícias, que aparecem em letras garrafais e cheias de manchetes, segundo o critério de julgamento editorial e social em voga naquela data específica. Por outro [lado], adquire um caráter cartográfico de mapeamento do conjunto de conteúdos oferecido pelo próprio jornal. Nela, o leitor encontrará sempre as notícias de maior efeito social, seja como reação provável ou esperada, no interior de uma cadeia de acontecimentos em curso, seja no sentido de uma intenção deliberada do jornal em formar opinião, em função de sua inserção no jogo político e ideológico vigente" (CAVALCANTE, 2002, p. 27).

dispõe seu conteúdo e suas matérias no espaço gráfico. Não importa a notícia que tenha em vista em face de seu problema de investigação específico, o historiador sempre recebe do jornal que está analisando um conjunto contextualizado por outras notícias, conteúdos e matérias. Poucas fontes, senão nenhuma – à exceção de outros tipos de periódicos –, comportam essa possibilidade de oferecer ao pesquisador um contexto tão imediato, ricamente balizado por outros acontecimentos e discursos que podem ser observados comparativamente com poucos golpes de vista, e analisados em detalhe sempre que se queira. É isso o que Renée Zicman, com muita pertinência, chama de "disposição espacial da informação". Nas palavras da autora, "para cada periódico tem-se a possibilidade de inserção do fato histórico dentro de um contexto mais amplo". Essa é uma vantagem decisiva deste tipo de fonte[84]. Praticamente o jornal, na sua exposição simultânea, imediata e contextualizada de conteúdos, obriga a um procedimento metodológico que, afinal de contas, deveria ser obrigatório à análise de todas as fontes: a conexão do conteúdo com um contexto e com outros elementos sincrônicos.

Voltando ao que se pode buscar em um jornal, é possível investigar, de outra parte, a autoimagem: o retrato que o jornal produz de si mesmo – ou a sua "escrita de si", por

---

84. ZICMAN, 1985, p. 90. Outra das vantagens da fonte-jornal, indicadas pela autora, é a própria "periodicidade", que termina por transformar os jornais em verdadeiros "arquivos do quotidiano" capazes de oferecer uma "memória do dia a dia" e um "acompanhamento diário [que] permite estabelecer a cronologia dos fatos históricos" (ZICMAN, 1985, p. 90).

assim dizer. Quanto ao modelo de análise, pode-se investir, de modo específico ou em combinação, na análise de estilo, na análise de conteúdo, na análise de discurso, na análise temática, bem como empregar técnicas semióticas disponíveis para a análise de textos, e outras tantas possibilidades metodológicas[85].

Os modos de abordar as matérias temporalmente, no interior de séries, também se colocam em pauta. Assim, é preciso considerar a posição da matéria jornalística em uma série que transcende aquele exemplar na qual ela se dá a ler – examinando-se o modo de exploração do mesmo assunto nas sucessivas edições do jornal: se eventual, intermitente, recorrente ou insistente, bem como os ritmos de recorrência do assunto em questão nas diversas edições. O interesse em dar publicidade ao acontecimento declina lentamente, ou se interrompe de súbito? E por quê?

Compreender as matérias de um jornal – as que são relacionadas aos problemas que serão investigados – no interior de uma série que dá sentido a cada matéria em

---

85. Tanto no campo da História como na Comunicação e Linguística têm se consolidado perspectivas de análise que procuram situar o texto jornalístico como aquilo que ele realmente é: não um discurso neutro e meramente informativo, mas um discurso que age sobre a sociedade. Nas Ciências da Comunicação, a mesma atenção tem sido dispensada ao estudo do discurso jornalístico: "A análise crítica do discurso associa a perspectiva sociológica e política sobre o jornalismo como discurso social e a atenção particular à linguagem e às suas escolhas de realização em atos de comunicação. Orientada explicitamente para a agenda sociopolítica, para a preocupação em inventariar e apresentar criticamente de que formas os discursos sociais podem contribuir para a reprodução ou a mudança de relações de poder, vem-se constituindo como uma área de estudo da linguagem e do discurso dos *media*" (PONTE, 2005, p. 218).

particular, é uma postura historiográfica por si mesma. Esse modo de leitura, obviamente, não é o do leitor comum, mas faz parte do padrão metodológico do historiador. Para este último é que a coleção de jornais faz sentido. Já para o leitor comum, o jornal só existe a cada dia, e seu destino habitual é ser descartado na lata do lixo, depois de lido, ou ao menos ao final do dia[86]. Esse modo imediato e imediatista de leitura, típico do consumidor diário de jornais, precisa ser confrontado pelo modo historiográfico de leitura do jornal – serializador e comparativo, seja na diacronia das sucessivas edições do mesmo jornal, seja na sincronia que situa o jornal em comparação com os seus concorrentes.

Há uma derradeira questão a ser considerada para a análise da ordem textual do *corpus* de matérias dispostas em um jornal. Se o conjunto de textos jornalísticos que se configuram no jornal editado se apresenta como um rico universo polifônico – percorrido de alto a baixo e de lado a lado por diversas vozes autorais, além de se distribuir em variadas seções e de se alternar através das distintas linguagens ligadas aos troncos da imagem e do texto – em certos momentos o conteúdo jornalístico também atinge com toda complexidade a possibilidade da "polifonia por camadas".

---

86. RIOUX, 1999, p. 120. Tal como assinala Maurice Mouillaud, "a atualidade parece sem memória porque é feita de presentes que se apagam uns aos outros. O jornal não faz memória, e a coleção de jornais não tem existência para o seu leitor" (MOUILLAUD, 1997, p. 77). Para o historiador, entretanto, o que existe é a série; a coleção dos jornais torna-se o seu arquivo: é ela o que dá sentido à edição de um certo número do jornal, publicada em determinado momento.

Assim, se existe uma determinada 'polifonia planar' dos textos, que é imediatamente visível e decorrente da própria disposição espacial das informações e dos discursos que são dispostos na superfície material do jornal, já existe outra – que aqui vou chamar de 'polifonia em camadas' – que se refere à presença de algumas vozes que recobrem outras vozes, e assim sucessivamente[87]. O exemplo mais evidente são aqueles textos em que os jornalistas realizam entrevistas, dando voz a interlocutores famosos ou desconhecidos, ou, mais ainda, aqueles nos quais ocorre a apropriação de informações e discursos oriundos de informantes anônimos (as chamadas "fontes" do jornalista). Por vezes, esta segunda ordem de polifonias precisa ser habilmente decifrada através de uma paciente arqueologia do discurso. Trata-se, conforme veremos mais adiante, de enxergar um "outro" através do "outro", de perceber as vozes que se ocultam por trás de uma voz, de devolver um som de fala a outras vozes que foram silenciadas. Tudo isto, obviamente, abre um novo flanco para análises de máxima importância.

Consideremos, agora, a ordem dos conteúdos imagéticos frequentemente disponibilizados pelas matérias jornalísticas. A série das imagens, que caminha junto aos textos, abre de fato a possibilidade para mais um número indefinido de metodologias. Se visarmos a análise das fotografias, haverá cuidados específicos a tomar, a começar por separar, das fotos claramente dirigidas, aquelas em

---

87. Outra metáfora adequada é a da arqueologia, que é eficaz em trazer à luz civilizações e culturas que já estavam soterradas sob outras.

que o fotografado não sabe que está sendo observado. Ao nos colocarmos no ponto de vista do fotógrafo, e evocar alguma imaginação historiográfica, será hora de nos perguntarmos pelas condições em que foram tiradas as fotos: talvez indagar pelo seu risco – a exemplo das matérias que cobrem crimes, catástrofes e guerras – ou pela paciência e obstinação que requereram, em outros tantos casos.

Em seguida, ao termos em mente o processo que se segue à apreensão e captura da imagem por uma câmera, devemos considerar a técnica de revelação que estava disponível no momento de produção da matéria jornalística (a tecnologia da fotografia e a inserção da mesma nos periódicos de diversos tipos têm também a sua própria história). Estamos em mundos bem distintos ao analisar fotografias digitais que são imediatamente reveláveis e passíveis de manipulação gráfica, desde o trânsito para o terceiro milênio, ou ao abordar a prática fotográfica que se desenrola através de um cuidadoso processo de revelação e tratamento da imagem, nos dois séculos que precederam a revolução digital.

Nos casos em que as fotos são postas ao lado de textos, que relações se estabelecem? A complementaridade ou a contradição, que podem estar presentes na relação entre os produtos destes dois discursos – imagem e texto – postos agora em diálogo, tem muito a dizer aos historiadores. Existe ainda a relação das imagens com outras imagens. Estamos agora diante de uma série de fotos, tal como ocorre nas seções típicas de fotojornalismo? Analisar a série de fotos, que se constrói como narrativa, envolve um conjunto de procedimentos específicos que não se reduz à análise da imagem que se apresenta isoladamente, ou como mero acompanhante de um texto[88]. Enquanto isto, se temos a cargo de nossa análise outros tipos de discursos iconográficos – tais como os desenhos ou charges – existem obviamente recursos mais específicos que pautam cada um destes gêneros de imagens, e estes precisarão ser recuperados pelos historiadores que os analisam. Há quadrinhos? Eis outra linguagem a ser aqui considerada, com seus próprios parâmetros.

De volta aos aspectos relacionados àquilo que diz um texto jornalístico, é preciso lembrar sempre que cada seção tem sua própria linguagem e estilo, de maneira que, para analisar seu conteúdo com propriedade, é preciso que o pesquisador se familiarize com o discurso da moda, do crime, da economia, da grande e da pequena política, da crônica que se aproxima da escrita literária. Cada modalidade de texto tem suas próprias implicações, de modo que os procedimentos metodológicos terminam por ser de número indefinido e por apontar para diversas direções. Sem possibilidade de abarcar esta ampla variedade de métodos e esmiuçar seus procedimentos e implicações mais específicas, vamos pontuar no próximo esquema, e no próximo capítulo, uma série de aspectos que devem ser considerados por aqueles que analisam jornais.

---

88. Para a análise mais específica das fotografias na imprensa, cf. ZANIRATO, 2003, p. 205-218; ZANIRATO, 2005.

15
Síntese final: questões que se colocam à fonte periódica

Nesta seção final, quero sintetizar – com o apoio de um esquema complexo ('Quadro 4') – tudo o que foi visto neste livro acerca dos jornais e de seu uso como fontes históricas. De alguma maneira, desenvolvemos observações que também são possivelmente válidas para outros tipos de periódicos, de modo que também podemos aplicá-las às revistas e a uma variedade de outros tipos de impressos, para além dos próprios jornais diários ou de quaisquer outros ritmos de periodicidade. Também traremos alguns exemplos para os vários aspectos evocados, aproveitando os dois circuitos de jornais brasileiros que examinamos mais atrás: o circuito industrial de massa proporcionado pela Grande Imprensa que começa a se formar no período da Primeira República, e o circuito dos embates políticos que se dão entre 1821 e 1823, pronto a nos mostrar um jornalismo mais artesanal, voltado para segmentos-leitores mais específicos.

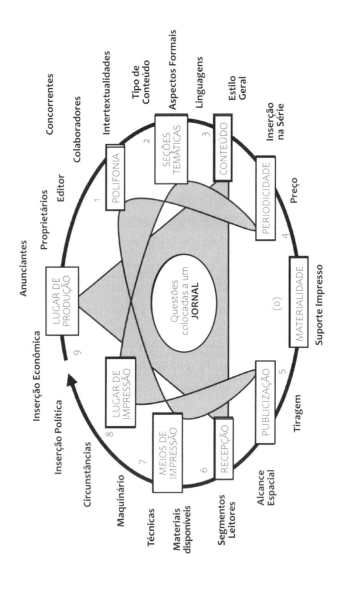

Quadro 4

O esquema complexo que registramos na página anterior (Quadro 4) indica uma diversidade de itens que devem ser considerados pelos historiadores que se proponham a utilizar, como fontes históricas, os jornais ou mesmo outros tipos de periódicos. Os algarismos colocados no círculo central, antepostos a alguns itens de maior destaque, são apenas recursos para melhor localizar os aspectos que sinalizaremos. Não indicam nem pressupõem hierarquia ou importância maior de uns em relação a outros, de modo que, de acordo com o esquema proposto, todos os aspectos sugeridos devem ser considerados em algum momento pelo historiador que aborda a fonte periódica. Os dez itens enquadrados pelos retângulos, em caixa alta, constituem aspectos centrais, e os itens que os circundam, em caixa baixa e em negrito, são aspectos deles derivados ou que se situam entre dois ou mais itens. Neste esquema visual, podemos partir de qualquer lugar, pois nenhum item precede o outro em importância ou como pré-requisito, já que todos interferem uns nos outros.

Iniciemos nossa reflexão sobre o esquema proposto. Podemos observar na parte inferior do quadro os três retângulos relativos aos já mencionados aspectos que são essenciais a todo e qualquer periódico: publicização (5), periodicidade (4) e materialidade (0). Esta última instância, obviamente, deve ser definida – ao menos no âmbito da ampla maioria de periódicos conhecidos – pelo suporte em papel impresso, a não ser que pensemos em aproximar do gênero histórico dos periódicos também as revistas e jornais que já nasceram digitais no período contemporâneo mais recente.

Os periódicos tradicionais são feitos, enfim – por artesanal ou industrial que seja o seu processo de produção – no suporte 'papel e tinta'. Mas que tipo de papel? Qual o tamanho e formato das folhas? Qual o modo de encadernação? Há alguns padrões mais habituais, que permitem tomar como modelo aproximativo os jornais de formato tradicional e as revistas – oscilando desta maneira entre o caderno de folhas sem capa, no primeiro caso, e o formato mais próximo ao do livro, no segundo[89]. Todavia, o universo de todos os periódicos produzidos até hoje também oferece aos historiadores muita variedade de cor, textura de papel, tamanhos de página, modos de impressão, estilos gráficos, maior ou menor quantidade de páginas. Ao lado desta grande variedade bem ou mal acomodada aos modelos materiais mais habituais de periódicos, deve-se lem-

---

89. Nada impede que outros formatos se apresentem em casos específicos, embaralhando a materialidade mais habitual dos jornais em seu contraste com as revistas. Tania de Luca registra estes comentários sobre o formato e materialidade do *Correio Brasiliense*, jornal não autorizado fundado no Brasil joanino em 1808: "O leitor acostumado aos matutinos atuais talvez se surpreenda com o formato, mais próximo de um livro, com o número de páginas que podia chegar a 150, com a extensão dos artigos, que se prolongavam por vários números, e com a divisão interna da matéria, que podia incluir as seguintes seções: política, comércio e artes; literatura e ciência; miscelânea e correspondência. Há mesmo dúvidas a respeito da melhor maneira de caracterizar *O Correio*, não faltando aqueles que consideram mais apropriado denominá-lo revista" (LUCA, 2005, p. 131).

brar, ainda, que há pelo menos um subgênero de jornal que é definido pelo seu próprio formato: o tabloide[90].

Além dos seus aspectos materiais, todo periódico – seja um jornal, revista, catálogo, boletim, ou qualquer outro – possui uma 'periodicidade' que pode ser diária (como os jornais matutinos de hoje em dia), mas também semanal, mensal, anual, ou em qualquer outro ritmo de recorrência[91]. A periodicidade, por outro lado, também insere cada nova edição de um jornal no interior de uma série que já vem constituída por todos os outros números anteriores e subsequentes daquele jornal ou periódico. Analisar um jornal, como já veremos, também implica,

---

90. O tabloide, surgido na Londres de meados do século XX, é um modelo de jornal que apresenta como formato padrão a página de aproximadamente 43 por 28 centímetros. De designação utilizada para um formato de jornal, a palavra terminou por classificar, em certos casos, um tipo de jornalismo mais específico. Para o caso da Grã-Bretanha, é comum a referência aos tabloides sensacionalistas ingleses, alguns deles dedicados a divulgar escândalos e aspectos da vida privada de celebridades do meio artístico ou mesmo da Família Real Inglesa. Também não tem sido nada incomum, em relação a certos tabloides sensacionalistas, a acusação de que eles não hesitam em falsificar algumas de suas notícias, prenunciando as *fake news*.

91. As duas primeiras gazetas legais publicadas no Brasil – a *Gazeta do Rio de Janeiro*, instituída pela Corte em 1808, e a *Idade d'Ouro do Brasil* – esta última concedida para um comerciante baiano e lançada em Salvador no dia 14 de maio de 1811 – estabilizaram-se em um ritmo de publicação a dois dias na semana. Já *O Correio Brasiliense*, o primeiro jornal identitariamente brasileiro, era posto a circular mensalmente, sendo digno de nota o fato de que foi publicado sem interrupções e com invejável pontualidade. Depois disso, aparecem no ano de liberação da imprensa, em 1821, muitos jornais de opinião que se inseriram no debate a favor da independência ou do vínculo com Portugal, notando-se em alguns deles uma periodicidade de ritmo irregular. Com relação à periodicidade diária na imprensa brasileira, esta começa a ser mais recorrente a partir da virada para o século XX.

em algum momento, analisar a série, situá-lo no interior de um conjunto maior que permite melhor compreendê--lo. As notícias que são expostas em um periódico – digamos: uma matéria que veio a público na edição específica de um determinado jornal, datada de certo dia – não estão simplesmente isoladas, mas fazem parte de um conjunto maior, submetido a um ritmo.

Dentro da série de jornais, que se sucedem dia a dia, devemos procurar também as séries de notícias e matérias correlatas. Há séries historiográficas – séries constituídas pelo próprio historiador – a serem operadas dentro da série de edições de um jornal. Digamos que estamos diante de uma notícia sobre as manifestações políticas de rua. Uma notícia em um jornal, datado de certo dia, é apenas um elo em uma série maior. Mesmo que o objetivo seja analisar aquele dia específico – ou o posicionamento do jornal acerca das passeatas políticas naquele dia específico – não podemos extraí-lo, sem perda de sentido, do posicionamento do mesmo periódico com relação aos demais acontecimentos correlatos, relacionados à série de manifestações, ou suas consequências, que ocorreram nos outros dias. Ao fazer isto, podemos reinserir a notícia analisada em um contexto maior, que a justifica e lhe completa o sentido de alguma maneira, o que permite inclusive compreender a notícia isolada publicada na edição de um jornal datado como uma continuidade, um acontecimento surpreendente ou uma reviravolta. Combinar 'série' e 'periodicidade' revela aspectos antes menos evidentes, mas imprescindíveis.

Qualquer periódico, como já vimos, é necessariamente publicizado de alguma maneira (6). Desta maneira, a este ou àquele periódico devemos fazer algumas perguntas importantes relacionadas a esta 'publicização': Será ele vendido em todas, ou pelo menos em algumas bancas de jornal?[92] Ou será distribuído em outros circuitos de sociabilidade, com ou sem custo? Ou, quem sabe, não teríamos naquele terceiro periódico, de modo distinto, um catálogo disponibilizado para o visitante de algum museu?

Para prosseguir falando sobre a 'materialidade', e agora mais especificamente para o caso dos jornais, esta pode ser definida por folhas dispostas em cadernos, interferidas por uma escrita obtida a partir da tecnologia tipográfica, em muitos casos mesclada ao acompanhamento de imagens que podem ir das caricaturas às fotografias, se estivermos nesta fase da história da imprensa. De igual maneira, o conjunto material de todos os exemplares do jornal produzidos em série industrial, em um mesmo dia, implica uma 'tiragem' que precisa ser muito bem conhecida pelo historiador.

A tiragem de um periódico ajuda a compreender a abrangência da sua 'recepção', assim como o seu preço talvez nos dê indicações acerca da inserção de seus segmentos

---

92. Nas grandes cidades brasileiras, as bancas de jornal começam a aparecer a partir de 1910. Antes disso, os periódicos eram vendidos por garotos que trabalhavam como gazeteiros, e que anunciavam suas principais notícias nas próprias ruas para atrair compradores. O caixote, à maneira dos vendedores ambulantes, também era muito utilizado. Com as bancas de jornal, hoje tão presentes nas paisagens urbanas, surge um novo tipo de estabelecimento comercial.

de leitores em certos circuitos socioeconômicos. Conforme vimos em momento anterior, a tiragem de um jornal podia alcançar dezenas ou centenas de leitores nos primeiros séculos da Imprensa jornalística, ou milhares e milhões de exemplares no século XX[93]. Nos países europeus, este salto chega mesmo antes.

Tiragem e preço conservam entre si certa relação: o incremento de um barateia o outro. Inversamente, o preço mais elevado de um jornal implica a necessidade de um maior poder aquisitivo de seu leitor, e isso acarreta em redução do segmento de população que pode assimilá-lo nas suas despesas diárias ou semanais.

O valor de um exemplar de periódico tem muito a dizer, aos historiadores, acerca dos seus tipos de leitores pagantes – ainda que uma variedade de práticas de leitura e transmissão oral possibilite pensar que não só os leitores-compradores de um jornal são, a qualquer tempo, os únicos que podem ter acesso ao seu conteúdo. De qualquer modo, o 'preço', se existe, precisa ser conhecido pelo analista de periódicos como um índice importante. É preciso apreender o preço e desde já considerá-lo historiograficamente, no âmbito de uma economia e na baliza de um custo de vida. É preciso definir, por exemplo, o que representava para um comprador comum os 80 réis fixados como

---

93. No início do século XX, em uma cidade do Rio de Janeiro que já ultrapassara os 620.000 habitantes, o *Jornal do Brasil* já possuía uma tiragem de 60.000 exemplares por dia. Essa relação entre a tiragem e a população local é importante para que se tenha efetivamente uma compreensão adequada acerca do impacto do jornal na sociedade à qual ele atende.

preço para as duas primeiras gazetas legais publicadas no Brasil, ou os 100 réis fixados para o exemplar avulso de diversos jornais do Rio de Janeiro na virada do século XX[94].

É oportuno lembrar, ainda sobre a tiragem, que esta sempre mantém alguma relação com indicações acerca do letramento de uma população. Se as tiragens se ampliaram na passagem da primeira modernidade para a segunda (século XIX), e daí para a terceira (século XX), é porque isso se tornou possível devido à redução da margem de analfabetismo na população de diversos países europeus e das três Américas, bem como de outros continentes. A tiragem de um jornal – em uma economia de mercado capitalista – é de algum modo o produto de uma relação dialética entre as condições materiais e objetivas que a viabilizam (maquinário, papel, trabalhadores inseridos em um sistema de trabalho) e uma capacidade leitora definida por um nível de alfabetização alcançado historicamente nas praças nas quais o jornal é posto a correr.

Prosseguindo com o nosso esquema complexo, no triângulo maior que pode ser entrevisto ao fundo da imagem, temos três vértices em destaque, situando fatores que são fundamentais para a compreensão dos periódicos de

---

94. 80 réis era o preço da *Gazeta do Rio de Janeiro*, posta a correr pela Imprensa Régia desde 1808, e também da *Idade d'Ouro do Brasil*, publicada em Salvador em 1811. Este também foi o preço do *Espelho*, publicado entre 1821 e 1823. Já na virada do século XX, encontramos alguns jornais – como o *Jornal do Brasil*, o *Correio da Manhã*, *O Paiz* e a *Gazeta de Notícias* – a 100 réis, valor que correspondia a uma passagem de bonde. Para os periódicos deste último período, cf. a tabela de preços e tiragens elaborada por BARBOSA, 2010, p. 124.

qualquer tipo: o 'Lugar de Produção' (9), a 'Recepção' (6), o 'Conteúdo' (3). Cada qual destes aspectos envolve muitos outros[95]. O 'Lugar de Produção' – um aspecto que na verdade deve ser pensado para qualquer tipo de fonte histórica – envolve um entremeado de fatores para o caso dos jornais. Talvez haja um 'proprietário' ou mais (ou, quiçá, um grupo de investidores). O proprietário ou possuidor da licença para imprimir pode ou não coincidir com o 'editor'[96]. À medida que os jornais crescem e se industrializam, amplia-se também a sua equipe de produção, e surgem editores-chefes para cada bancada de assuntos mais específicos. Ao lado destes há ou pode haver uma equipe ou rede de parcerias estabelecida por um certo número de 'colaboradores' que oferecem a sua contribuição autoral ao periódico, seja esta assumida nominalmente por se tratar de um escritor ou jornalista conhecido, seja diluída no texto de autoria coletiva do qual participam os repórteres comuns. Cada um desses autores possui suas próprias ligações políticas, assim como o jornal, como um todo, também possui a sua

---

95. Para o caso dos jornais, Pierre Albert preferia categorizar o lugar de produção, o conteúdo e o lugar de recepção como três lugares ou campos de análise que deveriam interessar ao pesquisador: o "atrás", o "dentro" e o "em frente" ao jornal (ALBERT, 1976). O "atrás" é o campo que intervém para a realização, e que aqui chamaremos de 'lugar de produção'. O "dentro" corresponde a tudo o que se relaciona à forma/conteúdo. O "em frente" se relaciona ao público leitor. Cf. esta discussão em ZICMAN, 1985, p. 92-93.

96. Esse é o caso do primeiro jornal brasileiro oficial e legalizado, a *Gazeta do Rio de Janeiro*, instituída pela Coroa joanina em 1808. O lugar do proprietário é ocupado pela Coroa; o editor, chamado pela documentação de "redator", variou conforme sucessivas nomeações. O primeiro deles foi Manuel Ferreira de Araújo Guimarães (1777-1838).

conexão política mais geral, quase podendo ser considerado uma grande entidade para certos casos.

Para entender a ideia de 'lugar de produção', vamos evocar como exemplo o primeiro jornal brasileiro: o *Correio Brasiliense*, publicado em 1808 e circulante até 1822. Seu lugar de produção mais geral é demarcado pelo Brasil do período joanino – uma sociedade que se vira transformada pela transferência da Família Real portuguesa para a Cidade do Rio de Janeiro, trazendo uma série de progressos típicos da modernidade (inclusive uma Imprensa Régia), mas que, até 1821, seguia com o cerceamento à impressão. Uma típica gazeta, de cunho informativo – a *Gazeta do Rio de Janeiro* – não demoraria a ser criada para atender aos objetivos e demandas da Corte, mas também ela estaria sujeita aos ditames da censura prévia. O contexto internacional era o das lutas napoleônicas, e foi neste quadro histórico e circunstancial que Hipólito da Costa (1774-1823), um português exilado em Londres, resolve de lá editar aquele que seria o primeiro jornal brasileiro.

Um autor ou produtor de textos faz parte do lugar de produção da fonte, com tudo aquilo que a envolve. Visando esta premissa básica, devemos considerar inicialmente que Hipólito da Costa, produtor-editor do *Correio Braziliense*, era um português-brasiliense nascido na Colônia do Sacramento em 1774, que terminou por residir em Londres na maior parte de sua vida. Às vésperas da fundação do jornal que dirigiria até o ano de sua morte (1823), ele havia acabado de fugir da prisão e da perseguição imposta pela Inquisição portuguesa por causa de suas ideias ilustradas – as quais incluíam o antiabsolutismo e a crítica à Igreja – e, sobretudo, por causa de seu pertencimento e intenso envolvimento com a ordem maçônica. O fato de ter sido maçom, para o período considerado, é uma informação particularmente importante. A Maçonaria era uma sociedade secreta muito forte na época, e que estendia sua rede de solidariedade aos seus membros. Parte da Imprensa era produto dela, e também parte dos líderes políticos.

No 'Quadro 4', situei o item 'intertextualidades' próximo ao 'lugar de produção', e a continuidade da exposição de dados sobre Hipólito da Costa ajudará a compreender este aspecto. Os diálogos estabelecidos com outros também ajudam a definir o indivíduo que se coloca no lugar de produção de um jornal. No caso de Hipólito da Costa, este tinha contatos importantes com alguns dos libertadores de países vizinhos ao Brasil, entre eles Francisco Miranda (1750-1816), Simón Bolívar (1783-1830) e José de San Martin (1778-1850). Os três eram maçons, o que reforça mais uma vez o pertencimento de Hipólito da Costa a esta sociedade secreta.

Além de integrado à rede maçônica, Hipólito da Costa apresentava-se no mundo das ideias políticas como parlamentarista e constitucionalista, sendo favorável à participação popular, mas desde que limitada à liderança liberal. Por volta do período em que fundou o jornal, estava particularmente entusiasmado com a sociedade estadunidense de sua época, na qual vivera durante dois anos, e também com a Inglaterra, que o acolhera no exílio. Considerava

Portugal um país muito atrasado em comparação com estes dois países, e isto transparece em seus textos críticos inseridos no jornal que fundara.

Nem sempre é tão fácil traçar o perfil de um editor ou colaborador de periódico. Os seres humanos, como se sabe, são por vezes ambíguos. Continuemos na mesma época de formação da Imprensa brasileira, e passemos da esquerda para a direita do já exposto 'Quadro 2', na seção em que estão localizados os jornais governistas ou conservadores. Na parte inferior direita do quadro, vemos três jornais enfileirados, com datas em sequência: o *Conciliador do Reino Unido* (1821), a *Reclamação do Brasil* (1822) e o *Atalaia* (1823). Cada um destes jornais durou um ano, e todos são produtos da iniciativa e trabalho jornalístico de um único homem: José da Silva Lisboa, mais conhecido como Visconde de Cairu.

Para compreendermos cada um dos três jornais citados, teríamos de situar o personagem fundador no seu lugar de produção. O Visconde de Cairu, entretanto, era um ator político bastante ambíguo. Economicamente, era um liberal cujas ações contribuíram para o decreto que normatizou a abertura dos portos. Politicamente, entretanto, era um conservador, e este perfil motivou Dom João VI a escolhê--lo como o primeiro censor. A história da censura acompanha a história da imprensa, e não foi diferente para o caso brasileiro. A instituição da Imprensa Régia vinha acompanhada da instituição da censura; a aparição do jornalista no cenário político e cultural brasileiro vinha acompanhada do seu tão odiado coadjuvante – o censor. No entanto, as duas funções encontraram guarida neste personagem ambíguo que foi o Visconde de Cairu. Como compreendê-lo? Os três jornais que editou, um depois do outro, eram francamente conservadores. Entretanto, uma parte da historiografia especializada na história da imprensa brasileira atribui ao Visconde de Cairu a possibilidade de ter sido o autor de um panfleto sem autoria explícita chamado *O Despertador Brasiliense*, que veio a lume em dezembro de 1821[97]. Este texto revolucionário, à maneira dos inúmeros panfletos que foram publicados na França do período revolucionário, chamava a si um movimento político e social que preconizava a permanência de Dom Pedro I no Brasil, contrariando as instruções que ele recebera do movimento liberal do Porto (1820) para retornar imediatamente a Portugal, como primeira medida de um processo que ameaçava fazer retroceder o Brasil para o nível de colônia[98]. O resto da história é bem conhecido: "digam ao povo que fico", seguido do grito da Independência.

---

97. A autoria do *Despertador Brasiliense* também é alternativamente discutida de acordo com a suposição de que seu autor tenha sido o desembargador Francisco de França Miranda. Essa é a proposta de Nelson Werneck Sodré em sua *História da Imprensa no Brasil*, que também considera o panfleto como um jornal que não saiu da primeira edição (1999, p. 59-60) [original: 1966]. Já Isabel Lustosa propõe que o texto seja classificado como panfleto, e o atribui a José da Silva Lisboa, o Visconde de Cairu (2003, p. 25).

98. O próprio retorno de Dom João VI a Portugal já havia sido uma primeira imposição da Revolução Liberal do Porto. O rei de Portugal resolvera deixar Dom Pedro no Brasil, o que foi uma medida sábia. Na sequência, entretanto, exigia-se agora também o retorno de Dom Pedro I, e foi deste quadro de tensões que sairia o movimento que culminou com o Fico (campanha para a permanência de Dom Pedro), e finalmente com o processo de Independência do Brasil.

Temos dois comentários a respeito deste panfleto que aparecia no cenário jornalístico com o título de *Despertador Brasiliense*. O primeiro é que ele atesta mais uma vez o oscilante conjunto de ambiguidades que demarcam a figura do Visconde de Cairu, e, portanto, o 'lugar de produção' do jornal *O Conciliador do Reino Unid*o e seus dois sucedâneos. Liberal, mas diretor da Censura; fundador de três dos jornais conservadores do período situado entre 1821 e 1823, mas possível autor anônimo de um panfleto incendiário que se situou como uma contribuição decisiva para o enfrentamento do domínio português no Brasil – o Visconde de Cairu era um personagem pleno de ambiguidades.

O segundo comentário proporciona a possibilidade de discutir os gêneros jornalísticos. Como dissemos no princípio deste livro, e também indicamos no 'Quadro 1', um jornal (ou qualquer outro tipo de periódico) precisa ter aparições recorrentes, isto é, *periodicidade*. Um jornal passa a ser constituído de uma série de vários números que adquirem uma periodicidade de algum tipo. Não são raros os jornais que não passam do seu primeiro número, embora a intenção do seu fundador tenha sido a de fundar uma futura série que deveria ser regulada com periodicidade, de modo a conformar o que se espera, efetivamente, de um jornal.

Um panfleto, por outro lado, é um texto isolado, sem a intenção da recorrência. Quando um panfleto possui um título impactante, como o *Despertador Brasiliense* (um título eminentemente jornalístico), ele pode facilmente se transformar em um jornal – ou em uma 'folha' – se lhe acrescentarmos a recorrência e a periodicidade. Sobretudo para o período da história da imprensa no qual os jornais eram menos demarcados pela complexidade, e nem sempre sulcados pelos limites entre as diferentes seções temáticas, o panfleto está a um passo de se transformar em um jornal. Também pode se tornar panfleto o jornal falhado – o jornal que tinha intenção de lançar-se como série e como recorrência periódica, mas que ficou estancado no seu primeiro número.

Vamos prosseguir com os comentários relacionados ao lugar de produção da fonte periódica, e logo voltaremos aos exemplos relacionados ao século XIX. O aspecto a seguir não afetava tanto o *Correio Brasiliense*, de Hipólito da Costa, ou tampouco os jornais que foram criados e mantidos pelo Visconde de Cairu. Todavia, o tópico é particularmente importante para os jornais do século XX, tal como os jornais diários cariocas que indicamos no 'Quadro 3, p. 78'. Não era o caso dos periódicos oitocentistas, mas quanto mais adentramos o século XX – no qual os jornais afirmam-se crescentemente como empresas industriais voltadas para a cultura de massas – afirma-se uma inserção econômica a considerar, o que inclui a relação do jornal com os 'anunciantes', bem como a posição do periódico no interior da rede formada por ele e outros jornais que lhe são concorrentes. Estes jornais disputam, menos ou mais avidamente, setores mais específicos de um público leitor, os quais configuram o elemento mais exposto da sua 'recepção' (6).

Para compreender este lugar de recepção adequadamente, devemos pensar nos tipos de leitores que têm acesso ao jornal – situando-os em sua condição social, econômica, política, cultural – entendendo que o jornal também pode disputar com outros diferentes faixas de público. O 'alcance espacial' – geográfico, mas também relativo aos espaços de sociabilidade – também precisa ser indagado. Sobre o alcance propriamente dito, será o território nacional? Um estado da federação? Talvez um município? Há alcance internacional? Sobre os espaços de sociabilidade, em quais deles o periódico circula?

O 'lugar de impressão' (8) de um jornal não deve ser confundido com o seu 'lugar de produção' (este que é, principalmente, um lugar social, político, econômico, cultural, autoral, inserido na sociedade em uma dimensão mais ampla). O lugar em que o jornal é impresso pode se situar bem distante da localização física do seu público receptor ou do seu universo principal de identificação. Retornemos ao exemplo do *Correio Brasiliense*. Este jornal crítico em relação ao absolutismo da Coroa portuguesa, que fora fundado em 1808 por um cidadão exilado do Império Português, o qual se identificava particularmente com o Brasil (tratava-se, portanto, de um "brasiliense"), era impresso em Londres. Desse modo, Brasil e Portugal aparecem entremeados no lugar de produção desse periódico, e a Inglaterra pode ser referida como o seu 'lugar de impressão'. Em termos semióticos, o lugar de produção de uma fonte está relacionado ao 'lugar de produção' de um texto – um lugar não necessariamente físico, embora também possa sê-lo – e o 'lugar de impressão' deve ser mais associado ao 'lugar de emissão' do discurso.

No caso que presentemente utilizamos para exemplo, esta necessidade de imprimir este jornal de princípios do século XIX em algum lugar fora dos limites territoriais do Império Português, e em uma nação europeia dominante como a Inglaterra, atendia certamente às 'circunstâncias' demarcadas pela imposição da censura prévia às colônias portuguesas, bem como pela oficialidade da recém-fundada Imprensa Régia e pelo rigoroso controle da Corte sobre os periódicos com pretensões de circulação no Brasil. Entrementes, este deslocamento do 'lugar de impressão' para um país de grande nível de industrialização, considerando a época, também se justificava em vista da necessidade de se utilizar do eficaz maquinário inglês e dos 'meios de produção' (7) da Imprensa londrina[99].

Avancemos mais no universo de aspectos arrolados pelo 'Quadro 4'. Quando pensamos no Conteúdo (3) – aspecto assinalado no vértice inferior direito do triângulo –

---

99. Se quisermos outro exemplo de deslocamento do 'lugar de impressão' em relação ao espaço simbólico e social atendido pelo jornal, podemos lembrar a publicação, em 1824, de um número extraordinário do jornal *A Sentinela da Liberdade à Beira do Mar da Praia Grande*, dirigido por José Estevão Grondona, um jornalista italiano estabelecido no Brasil desde 1817. Fugido da perseguição a políticos e jornalistas de oposição imposta pelo governo de Dom Pedro I após a dissolução da Assembleia Constituinte em 12 de novembro de 1823, Grondona resolveu publicar um número extraordinário de seu jornal em Buenos Aires, ainda no ano seguinte.

devemos ter em vista fatores como o 'estilo geral' do jornal. Para um jornal de qualquer época, podemos nos perguntar: Era um jornal informativo? Opinativo? Doutrinário? Com um estilo combativo? Outros aspectos também devem ser considerados, recolocadores de novas questões. Que 'linguagens' mobilizava, além da escrita? Apresentava fotografias, e, mais propriamente, algum tipo de fotojornalismo? Trazia tirinhas de quadrinhos ou charges em alguma de suas seções? Ocasionalmente, podem ser importantes outras questões. Entre os artigos assinados e as matérias anônimas que remetem à autoria coletiva, há no jornal o uso de pseudônimos? O que esta presença de textos assinados por nomes falsos, ou de outros com indicação apócrifa, indica ao historiador?

Pensar nas seções diversificadas de um jornal é pensar simultaneamente nos seus 'aspectos formais', nas estratégias discursivas e no tipo de linguagem mobilizada por cada uma destas seções. Também podemos nos perguntar que espécie de conteúdo mais específico demarca cada uma de suas 'seções temáticas' (2). São definidas sessões específicas para a política, para a economia, para o crime, para aspectos relacionados à cultura, ao entretenimento, moda ou esporte? Há uma seção de classificados, e um obituário? As seções de um jornal dizem muito aos historiadores: podem ser tratadas como um conjunto mais amplo, que envolve as suas relações mútuas, ou podem ser abordadas separadamente, se o problema histórico que se tem em vista permitir.

A questão da 'polifonia' (1), tal como já vimos, mostra-se fundamental para o caso dos jornais, principalmente à medida que adentramos o século XX. Passamos aqui a uma polifonia de alta intensidade, e não podemos mais ver o jornal senão como um empreendimento coletivo, multiautoral. Ficam para trás os jornais produzidos por dois ou mesmo um só homem, às vezes em condições muito restritas – como a cela de uma cadeia[100] – e entramos no mundo já descrito das salas de redação que apresentam uma divisão de trabalho desdobrada em funções diversificadas e organizada a partir de uma hierarquia interna com muitas subdivisões. Se os jornais de uma primeira fase da história da imprensa já apresentavam um nível considerável de polifonia – ainda que de baixa intensidade –, já é uma polifonia de alta intensidade a que temos com os jornais industrializados e voltados para um público leitor massivo, agora dotados de uma rede de muitos colaboradores e também se valendo de processos de autoria coletiva capazes de produzir um texto a muitas mãos. Adicionalmente, talvez esta polifonia compor-

---

100. Na primeira fase da história da imprensa brasileira, encontramos alguns editores que produziram edições de seus jornais da cadeia. Cipriano Barata publicou alguns dos números de sua *Sentinela da Liberdade na Guarita de Pernambuco* a partir das prisões que o confinaram, e chamava atenção para isso através de longos títulos como *Sentinela da Liberdade na Guarita de Pernambuco Atacada e Presa na Fortaleza do Brum por Ordem da Força Armada e Reunida*. Na mesma época, João Soares Lisboa editou um *Correio Extraordinário do Rio de Janeiro* de sua cela em uma cadeia, e a indicava como endereço para leitores que quisessem subscrever o jornal.

te intertextualidades com outros jornais, ou haja ainda correspondentes estrangeiros a serem considerados[101].

Por fim, conforme também vimos em um dos capítulos deste livro, resta considerar a rede de jornais concorrentes, geradora de um singular dialogismo que também não pode ser ignorado. Conforme já foi discutido, dois periódicos podem ocupar posições distintas em uma rede de periódicos contemporâneos. Mais uma vez cito o caso do *Correio Brasiliense*, um dos dois primeiros jornais do Brasil oitocentista. Opositor em relação à Coroa, este periódico situa-se no contrapeso político da *Gazeta do Rio de Janeiro*, que era o jornal oficial estritamente controlado pela Corte e diretamente submetido a uma censura prévia que já não afetava o seu opositor, impresso na maquinaria londrina desde 1808 e redigido na Inglaterra.

Este, concluímos, é um panorama das possibilidades de questões que podem ser colocadas pelos historiadores aos jornais – ou aos periódicos de maneira mais geral, sopesadas as características de cada gênero e subgênero. Algumas delas também são questões que se colocam a ou-

---

101. As gazetas do Antigo Regime, por exemplo, costumavam inserir em suas edições periódicas alguns textos traduzidos de outros jornais. Isso ocorria, por exemplo, na *Gazeta do Rio de Janeiro*, jornal oficioso da Corte portuguesa no período de sua estadia no Brasil, a partir de 1808 e até à declaração da Independência. Já no âmbito dos jornais do mesmo período que eram críticos em relação à monarquia, tínhamos o *Correio do Rio de Janeiro*, dirigido por João Soares Cabral entre 1822 e 1823, que publicizou em algumas oportunidades artigos enviados de Pernambuco por Cipriano Barata e textos apócrifos da lavra de Frei Caneca – dois insurgentes que, respectivamente, tinham seus próprios jornais: *A Sentinela da Liberdade na Guarita de Pernambuco*, e o jornal semanal *Typhis Pernambucano*, circulante entre 1823 e 1824.

tros tipos de fontes históricas, sejam as textuais de vários tipos, ou mesmo relativas ou outros tipos de suportes[102]. Por fim, é importante frisar que existem ainda – o que é mais importante – as questões definidas pelo tema ou problema em estudo. Pode-se estudar, por exemplo, a posição ou 'oscilação de posições' do jornal em relação a um tema, questão ou acontecimento. O tema pode funcionar como fator de busca no conjunto de matérias já publicadas pelo jornal e, a partir daí, é que tudo começa no que concerne à análise propriamente dita.

---

102. Os aspectos pertinentes à ampla maioria de tipos de fontes históricas – independentes das especificidades de cada tipo de fontes – foram discutidos no penúltimo capítulo de um livro anterior, publicado por esta mesma editora: *Fontes Históricas – introdução aos seus usos historiográficos* (BARROS, 2019).

Palavras Finais

Examinar de maneira crítica os jornais – com consciência das diversas dimensões que eles se referem – é tarefa dos historiadores, mas é também uma prática que não deveria ser estranha aos cidadãos comuns, envolvidos em outras profissões. Produzir jornais não é para principiantes; mas ler jornais também não é para os ingênuos.

Compreender os jornais na sua totalidade de aspectos, entender o acorde de diferentes linguagens que os constitui, e escutar a polifonia de vozes que dentro deles ressoa – da mesma maneira que decifrar as ambiguidades e tensões que atravessam a produção e enunciação do discurso jornalístico – é crucial para os historiadores que os tomam como fontes históricas. Mas também é desejável para o cidadão comum, que não deve se resignar a ser um leitor passivo de jornais. Ao mesmo tempo, compreender a dimensão histórica dos jornais é igualmente importante para os próprios jornalistas.

Este livro procurou introduzir uma chave de leitura útil para a abordagem de jornais como fontes históricas, mas também beneficiar diversos tipos de leitores com recursos que podem enriquecer a sua possibilidade de leitura de textos jornalísticos. A obra dá continuidade a uma série de livros sobre diferentes tipos de fontes históricas, e esperamos que tenha atingido os seus propósitos básicos.

Obras citadas

ALBERT, P. (1976). Comment étudier un journal? *Cahier Français*, n. 178, p. 48-52.

ALBERT, P. & TERROU, F. (1990). *História da imprensa*. São Paulo: Martins Fontes [original: 1970].

AQUINO, M.A. (1999). *Censura, imprensa, Estado autoritário (1968-1978)*. Bauru: Edusc.

BARBOSA, M. (2010). *História cultural da imprensa – Brasil (1800-1900)*. Rio de Janeiro: Mauad.

BARRETO, L. (1995). *Recordações do Escrivão Isaías Caminha*. São Paulo: Ática [original: 1909].

BARRETO, L. (2012). *Triste fim de Policarpo Quaresma*. São Paulo: Ática [original: 1915].

BARROS, J.D'A. (2019a). *Fontes Históricas – Introdução aos seus usos historiográficos*. Petrópolis: Vozes.

BARROS, J.D'A. (2019b). *Seis desafios para a Historiografia no Novo Milênio*. Petrópolis: Vozes.

BARROS, J.D'A. (2019c). *Interdisciplinaridades*. Petrópolis: Vozes.

BARROS, J.D'A. (2020). *A Fonte Histórica e seu Lugar de Produção*. Petrópolis: Vozes.

BARROS, J.D'A. (2021). *O Uso dos Conceitos – Uma abordagem interdisciplinar*. Petrópolis: Vozes.

BOURDIEU, P. (1997). *Sobre a televisão – Seguido de a Influência do Jornalismo e os Jogos Olímpicos*. Rio de Janeiro: Zahar [original: 1996].

BRASIL (República Federativa) (1931). *Estatística da Imprensa Periódica no Brasil (1929-1930)*. Rio de Janeiro: Typographia do Departamento Nacional de Estatística.

CAPELATO, M.H. (1988). *Imprensa e História do Brasil*. São Paulo: Contexto/Edusp.

CAVALCANTE, J. (2002). O Jornal como fonte privilegiada de pesquisa histórica no campo educacional. *Anais do II Congresso Brasileiro de História da Educação*. Natal, p. 26-28, 03-06/11.

CERTEAU, M. (2012). A Operação Historiográfica. *A Escrita da História*. Rio de Janeiro: Forense Universitária. p. 65-119 [original: 1974].

CHARTIER, R. (1990). Textos, impressos, leituras. *A História Cultural – Entre práticas e representações*. Lisboa: Difel [original: 1982].

CHOMSKY, N. (2003). *Controle da Mídia – Os espetaculares feitos da propaganda*. Rio de Janeiro: Graphia [original: 1991].

CHOMSKY, N. (2013). *Mídia – Propaganda política e manipulação*. São Paulo: Martins Fontes [original: 2002].

COBEN, I.S. (2008). Diversificação e segmentação dos impressos. In: LUCA, T.; MARTINS, A.L (orgs.). *História da Imprensa no Brasil.* São Paulo: Contexto, p. 103-130.

COSTA, H. (1993). Da fotografia de imprensa ao fotojornalismo. *Acervo – Revista do Arquivo Nacional,* v. 6, n. 1-2, p. 55-74.

CRUZ, H.F. (2000). *São Paulo em papel e tinta – Periodismo e vida urbana (1890-900).* São Paulo: Educ.

DUARTE, P. (1972). *História da Imprensa em São Paulo.* São Paulo: USP/Escola de Comunicação e Artes.

EISNER, W. (1999). *Quadrinhos e Arte Sequencial.* São Paulo: Martins Fontes [original: 1985].

ELEUTÉRIO, M.L. (2008). Imprensa a serviço do progresso. In: LUCA, T.R.; MARTINS, A.L. (orgs.). *História da Imprensa no Brasil.* São Paulo: Contexto.

ESPIG, M.J. (1998). O uso da fonte jornalística no trabalho historiográfico: o caso do Contestado. *Estudos Ibero-Americanos,* v. 24, n. 2.

FERREIRA, M.N. (1978). *A Imprensa Operária no Brasil (1880-1920).* Petrópolis: Vozes.

FREUND, G. (1989). *Fotografia e sociedade.* Lisboa: Vega [original: 1976].

FREYRE, G. (1988). *O Escravo nos anúncios de jornais brasileiros do século XIX.* São Paulo: Brasiliana [original: 1963].

HUYSSEN, A. (2000). Present Pasts: Media, Politics, Amnésia. *Public Culture,* v. 12, n. 1, p. 21-38.

JAKOBSON, R. (1964). *Language in Operation* (Milanges Alexandre Koyr, II, Láventure de l'sprite). Paris: Hermann.

JAUSS, H.R. (1978). *Pour une Esthetique de la Réception*. Paris: Gallimard [original: 1967].

JAUSS, H.R. (1980). Esthétique de la réception et communication littéraire. In: AILC (ed.). *Actes du IX Congrès de l'Association Internationale de Littérature Comparée (Innsbruck, 1979)*. Innsbruck: Amoe.

LUCA, T.R. (2005). História dos, nos e por meio dos periódicos. In: PINSKY, J. (org.). *Fontes Históricas*. São Paulo: Contexto, p. 111-153.

LUCA, T.R. (2008). A Grande Imprensa na Primeira Metade do Século XX. In: LUCA, T.; MARTINS, A.L. (orgs.). *História da Imprensa no Brasil*. São Paulo: Contexto, p. 149-175.

LUCA, T.R.; MARTINS, A.L. (orgs.) (2008). *História da Imprensa no Brasil*. São Paulo: Contexto.

MOREL, M. (2005). Cipriano Barata: símbolo do jornalismo panfletário. In: MELO, J.M. *Imprensa Brasileira – Personagens que fizeram nossa história*. Vol. 1. São Paulo: Universidade Metodista de São Paulo/Imprensa Oficial do Estado de São Paulo.

MOREL, M. (2009). Da Gazeta Tradicional aos jornais de opinião: metamorfoses da imprensa periódica no Brasil. In: NEVES, L.M.B. (org.). *Livros e Impressos – Retratos do setecentos e do oitocentos*. Rio de Janeiro: Eduerj, p. 154-184.

MOREL, M.; BARROS, M.M. (2003). *Palavra, Imagem e Poder – O surgimento da Imprensa no Brasil do século XIX*. Rio de Janeiro: DP&A.

MOUILLAUD, M. (1997). Crítica do acontecimento ou o fato em questão. In: MOUILLAUD, M.; PORTO, S.D. (orgs.). *O jornal: da forma ao sentido*. Brasília: Paralelo 15.

MOYA, Á. (1986). *História das histórias em quadrinhos*. Porto Alegre: L&PM.

NEVES, L.M.B. (org.) (2009). *Livros e Impressos – Retratos do setecentos e do oitocentos*. Rio de Janeiro: Eduerj, p. 154-184.

NEVES, L.M.B.; MOREL, M.; FERREIRA, T.B. (orgs.) (2006). *História e Imprensa – representações culturais e práticas de poder*. Rio de Janeiro: DP&A.

PONTE, C. (2005). *Para entender as notícias – Linhas de análise do discurso jornalístico*. Florianópolis: Insular.

RIOUX, J.-P. (1999). Entre História e Jornalismo. In: CHAVEAU, A. (org.). *Questões para a história do presente*. São Paulo: Edusc.

SILVA, M.B.N. (2007). *A Gazeta do Rio de Janeiro (1808-1822) – Cultura e Sociedade*. Rio de Janeiro: Eduerj.

SILVA, M.B.N. (2009). A imprensa periódica na época joanina. In: NEVES, L.M.B. (org.). *Livros e Impressos – Retratos do setecentos e do oitocentos*. Rio de Janeiro: Eduerj, p. 15-29.

SODRÉ, N.W. (1999). *História da Imprensa no Brasil*. Rio de Janeiro: Mauad X.

TEZZA, C. (2002). Polifonia e ética. *Revista Cult*, n. 59, ano VI, p. 60-63.

ZANIRATO, S.H. (2003). A documentação fotojornalística na pesquisa histórica. *Trajetos – Revista de história da UFC*, v. 2, n. 4, p. 205-218.

ZANIRATO, S.H. (2005). A fotografia de imprensa: modos de ler. In: PELEGRINI, S.C.A.; ZANIRATO, S.H. (orgs.). *As dimensões da imagem: interfaces teóricas e metodológicas*. Maringá: Eduem.

ZICMAN, R.B. (1985). História através da Imprensa – Algumas considerações metodológicas. *Projeto-História*, n. 4, p. 89-102.

Índice Onomástico

Albert, P. 146

Bandeira, Manuel 119
Barata, Cipriano 92, 96, 156
Barbosa, J. Cunha 91
Barbosa, Orestes 99
Barbosa, Ruy 80
Barros, M.M. 59
Bilac, Olavo 119
Bocaiúva, Q. 67, 82
Bolívar, S. 148

Cairu (Visconde de) 93, 94, 149, 150-151
Camões 119
Caneca (Frei) 96, 157
Carolus, J. 40
Carlyle, T. 57
Chateaubriand 83
Chomsky, N. 58
Cipriano Barata 66
Conde dos Arcos 68

Correa, Viriato 83
Costa, Hipólito da 90, 121, 147
Costallat, B. 99
Cunha (Euclides da) 24

Darnton, R. 55, 56, 104, 108, 109
Dom João VI (rei) 92, 121
Dom Pedro I 92, 93, 150

Eisner 29
Eleutério, M.L. 125
Espig, M. 43

Ferreira, M.N. 86

Gonçalves Ledo 91
Grondona, J.E. 66, 154
Guimarães, M.F.A. 146

Jauss, H.R. 53
João do Rio 100

Le Goff, J. 19
Leuenroth, E. 68
Lima Barreto 99
Lisboa, J. Soares 156
Lopes, A.H. 103
Lopes, R.T. 83
Luca, T.R. 46, 83
Luís Edmundo (cronista) 99
Luz, F.L.S. 68

Marat, J.-P. 65
Marinho, Roberto 116
Marx, K. 65
Meireles, Cecília 119
Mendes (irmãos) 80
Miranda, F. 148
Miranda, F.F. 93
Morel, M. 59

Nabuco, J. 67
Noronha e Brito, D. Marcos 68

Outcault, R. 29

Patrocínio, J. 63

Ricoeur, P. 53
Rochinha (M.J.O. Rocha) 83

Salvador de Mendonça 67
Sampaio (Frei) 96
San Martin, J. 148
Silva, M.B.N. 63
Silva Serva 91
Souza, J.I.M. 87
Stirner, M. 65

Töpffer, R. 29

Viriato Correa 83
Voltaire 90

Zicman, R. 44, 75, 131

Índice Remissivo

Abrangência (de assuntos) 32
Abrangência (de público) 32
Ação Direta 68, 85
A Idade d'Ouro do Brasil 68, 91, 94
A Imprensa 85
Alfabetização 145
A Malagueta 92
A Notícia 83, 85
Anunciantes 73
A Plebe 84
A República 67
Arqueologia 134
Artigos de opinião 112
A Rua 83
A Sentinela da Liberdade 65, 92, 96, 156
Atalaia 93, 149
Autoimagem 131
A Voz do Trabalhador 84

Brasilienses 95
Brasil-República 124

Capitalismo 73
Censura 114, 115, 149
Censura (enfrentamento da) 119
Cinema 29
Charge 126, 136
Classificados 73
Conciliadores (jornais) 93
Concorrência 73-75
Conteúdo 146, 154-155
Contexto 125-127, 131
Correio Braziliense 89, 90, 121, 140, 147, 153, 157
Correio da Manhã 79, 80, 86, 145
Correio do Rio de Janeiro 92
Cotidiano 21
Criticidade 21

Daily Telegraph 39
Desinformação 9
Diário do Rio de Janeiro 92, 94
Diário Mercantil 70

Distribuição 143

Ditadura Militar 115

Ditadura Militar (no Brasil) 115-117

Divisão de Trabalho 156

Editor 49, 53, 104, 113, 146

Efeito de Realidade 36

Empastelamento 59

Enciclopédia 90

Entrevista 143

Espaço gráfico 130

Especialização (de jornalistas) 110

Estilo 136

Estratégias discursivas 113, 118

Família Real 147

Folha Dirigida 70

Fonte Histórica 15

Fontes Realistas 36, 43

Formato (do jornal) 140

Fotografia 113-114, 126, 135-136

Fotógrafo 135

Fotojornalismo 102, 135

Furo jornalístico 112

Gazeta de Notícias 63, 81, 85, 145

Gazeta do Rio de Janeiro 63, 67, 89, 90, 94, 121, 145, 147, 157

Gazeta Mercantil 69

Gazeta Renana 65

Gazetas 89

Gazette de France 40

Golpe de 2016 120

Grande Imprensa 74, 87

História da Imprensa 46, 123-128

História da Imprensa (no Brasil) 102

HQs 28, 29, 136

Imprensa Amarela (*Yellow Press*) 70

Imprensa Régia 65, 121

Impressão 147

Impresso 40

Independência do Brasil (lutas pela) 96

Informação 61

Intertextualidades 148-149

Jornais de esquerda 86

Jornais sensacionalistas 70

Jornal (definição) 21

Jornal (instituição) 36

Jornal das Moças 84, 85

Jornal da Tarde 119

Jornal de Letras 71

Jornal do Brasil 33, 80, 86, 103, 144

Jornal do Comércio 69-70, 82

Leitor 49, 53, 99, 102, 145

Le Monde 33

Lugar de Impressão 153

Lugar de Produção 80, 146, 154

Maçonaria 91, 95, 148, 149

Maquinaria 39

Materialidade (dos jornais) 139, 143

Matérias (do jornal) 123

Meio de comunicação 26

Mercado capitalista 145

Mercado editorial 87

Método 129

Nieuwe Tijdinghen 40

O Abolicionista 67

O Alfaiate Constitucional 91

O Amigo do Povo 65

O Amigo do Rei e da Nação 65, 94

O Conciliador do Reino Unido 93, 149

O Correio da Manhã 145

O Despertar Braziliense 93, 150

O Diário do Rio de Janeiro 66

O Espelho do Rei 94

O Estado de S. Paulo 118

O Fluminense 83

O Globo 77, 116-117

O Jornal 83

O Menino Amarelo 70

O Paiz 81, 85, 145

O Patriota 71

Opinião 61

O Revérbero Constitucional Fluminense 65, 92

O Silfo 92

O Tamoio 65, 92

Panfleto 151

Papel 39, 140

Papel de Imprensa 41

Periodicidade 27, 31, 34, 139, 141, 151

Periódicos 26, 140

Plebe 68

Polifonia de alta intensidade 103

Polifonia de baixa intensidade 102

Polifonia de textos 33, 101, 156

Polifonia planar 134

Polifonis (conceito de) 101

Política 113, 115-122

Posição da notícia (na página) 107

Preço 26, 85, 143

Primeira página 107, 130

Primeira República 124, 125

Proprietário 146

Publicização 28, 139, 143-145

Público comprador 88

Quadrinhos 28, 29, 136

Quarto Poder 58

Radio 11

Recepção 53, 146, 152-153

Reclamação do Brasil 93, 149

Redação (de jornal) 57, 100

Redator 54

Rede de concorrência 87, 88

Regulador Brasileiro 94

Repórter 100

Revista 26, 140

Revolução do Porto 93, 150

Revolução Francesa 65

Rio de Janeiro 77

São Paulo 79

Seções do jornal 109, 155

Serialidade 55

Série 35-36, 129, 142

Suporte (do jornal) 125

Tabloide 141

Tecnologia de Impressão 39, 123-124

Televisão 11

Texto Jornalístico 55-56

The New York Times 55

The Times 33

Times 109

Tiragem 39, 124, 143

Typhis Pernambucano 96, 156

Valor Econômico 69

Veículo de informação 127

Vice-Reino 95

Leia também!

Conecte-se conosco:

f facebook.com/editoravozes

◉ @editoravozes

🐦 @editora_vozes

▶ youtube.com/editoravozes

🟢 +55 24 2233-9033

www.vozes.com.br

Conheça nossas lojas:

www.livrariavozes.com.br

Belo Horizonte – Brasília – Campinas – Cuiabá – Curitiba
Fortaleza – Juiz de Fora – Petrópolis – Recife – São Paulo

EDITORA VOZES LTDA.
Rua Frei Luís, 100 – Centro – Cep 25689-900 – Petrópolis, RJ
Tel.: (24) 2233-9000 – E-mail: vendas@vozes.com.br